罗斯柴尔德传

刘丽娟◎著

时代文艺出版社

图书在版编目（CIP）数据

罗斯柴尔德传 / 刘丽娟著. —长春：时代文艺出版社，2016.4（2023.7重印）

ISBN 978-7-5387-5115-4

Ⅰ.①罗… Ⅱ.①刘… Ⅲ.①罗斯柴尔德（1744～1812）—传记 Ⅳ.①K835.165.34

中国版本图书馆CIP数据核字（2016）第001738号

出 品 人　陈　琛
责任编辑　徐　薇
装帧设计　孙　利
排版制作　隋淑凤

本书著作权、版式和装帧设计受国际版权公约和中华人民共和国著作权法保护
本书所有文字、图片和示意图等专有使用权为时代文艺出版社所有
未事先获得时代文艺出版社许可
本书的任何部分不得以图表、电子、影印、缩拍、录音和其他任何手段
进行复制和转载，违者必究

罗斯柴尔德传

刘丽娟 著

出版发行 / 时代文艺出版社
地址 / 长春市福祉大路5788号　龙腾国际大厦A座15层　邮编 / 130118
总编办 / 0431-81629751　发行部 / 0431-81629755
官方微博 / weibo.com / tlapress　　天猫旗舰店 / sdwycbsgf.tmall.com
印刷 / 北京市一鑫印务有限公司
开本 / 710mm×1000mm　1 / 16　字数 / 140千字　印张 / 12
版次 / 2016年4月第1版　印次 / 2023年7月第3次印刷　定价 / 36.00元

图书如有印装错误　请寄回印厂调换

目录

序言　金融世家 / 001

第一章　风云起涌的年代
　　1．战争，还是战争 / 002
　　2．英格兰银行的诞生 / 007
　　3．工业革命 / 013

第二章　挖掘第一桶金
　　1．犹太社区的天才金融少年 / 022
　　2．跻身宫廷代理人 / 026
　　3．国王的高利贷生意 / 039
　　4．游走在国际贸易与走私之间 / 044

第三章　对阵拿破仑
　　1．国王出逃 / 054
　　2．法兰克福的暗战 / 063
　　3．财富保管员 / 072
　　4．驰援威灵顿 / 081

第四章　超级富二代
　　1．梅耶的遗嘱——家族企业治理新典范 / 100
　　2．征服英格兰 / 107

3．占领法兰西 / 117

4．主宰奥地利 / 131

5．进军美利坚 / 140

第五章　罗斯柴尔德的历史遗产

1．铁路系统 / 152

2．现代银行 / 161

3．世界大战 / 165

附　录

罗斯柴尔德生平 / 174

罗斯柴尔德年表 / 181

序言

金融世家

二战前，在美国有这样一句话："民主党是属于摩根家族的，共和党是属于洛克菲勒家族的，而摩根和洛克菲勒都是属于罗斯柴尔德的……"

"梅耶·罗斯柴尔德"是谁？这个问题恐怕我们普通人中的大多数都回答不出来，这并不为奇。然而，如果被问的是一位金融界人士，而他从来没有听说过罗斯柴尔德的话，正如有人这样比喻：那不啻一位将军不知道拿破仑，一位物理学家不知道爱因斯坦一样不可思议。在西方，罗斯柴尔德家族，是一个标志。在英语里，罗斯柴尔德俨然已成了富豪的代名词。有时候大家夸赞谁富有，就会说："瞧，他是个罗斯柴尔德！"德国大诗人海涅曾对这个家族做出这样的评价："如果金钱是我们这个时代的上帝，那么，罗斯柴尔德就是它的先知。"罗斯柴尔德家族的地位与重要性可见一斑。

2005年，在《福布斯》杂志的评选活动中，梅耶位列"历史上最有权势的二十位商人"第七位，也被誉为"国际金融之父"。他对金融行业有着不可磨灭的贡献，不仅引进多元化投资等理念，还参与建立了现代银行制度。他首创国际金融业务，与五个儿子一起建立起完整的金融网络。无论是伦敦、巴黎，还是维也纳、法兰克福、那不勒斯，都成为他们奋斗的战场。

当然，为了建立一个财富家族，保住多年奋斗的基业，他们严格控制子女婚姻，不与外人联姻，尽量家族之间缔结姻缘。如此一来，财富很难流出，家族神话得以延续。不论如何，在二百年的时间内，他们缔造并保持了这个神话，在经济和政治领域都有着不可动摇的地位。

梅耶·罗斯柴尔德，这位极富传奇色彩的犹太金融家，历史上最为成功的商业家族之一——罗斯柴尔德家族的奠基人，在动荡的18世纪欧洲，似乎注定要扮演着一个以财富在幕后影响着世界进程的角色，而且这影响在他的身后代代相续，至今不减。

我们可以简单了解一下这位世界金融帝国家族创造人的生平经历：

1744年，梅耶·罗斯柴尔德诞生在德国美因河畔的法兰克福犹太人的聚居区，那是被欧洲人极为鄙夷的地带，原因很简单——他们是犹太人。由于出身等等一系列不如意的原因，梅耶·罗斯柴尔德的父亲摩西当时仅仅是一个流浪的金匠和放贷人，为了生计，不得不长年在东欧一带谋生。令父亲颇感欣慰的是，梅耶很小的时候就展示了惊人的智力和非凡的毅力。人们说穷人的孩子早当家，看来这话是不差的。为了继续培养梅耶，他的父亲在儿子身上倾注了很多心血，曾想方设法系统地教给他关于金钱和借贷的商业知识，青少年时的成长经历为梅耶日后的发展奠定了稳固的基础。父亲去世时，梅耶年仅十三岁，在亲戚的帮助下，到了一家银行当学徒。

过了几年，出徒之后的梅耶重新回到法兰克福，子承父业，继续做起放贷生意。从此成了一个在近现代金融界响当当的名字。这之后的梅耶在事业的康庄大道上一发不可收拾。他想方设法结交起了官廷里一些举足轻重的人物，先是经冯·伊斯托弗将军引见，认识了威廉王子，打通了和法兰克福王宫的关系，这耗费了他不少的古钱币。

当然，他的目的不止于此。后来借助威廉王子的帮助，他终于在1769年9月21日，成了威廉王子指定的代理人。他高调地展示着这一切，连招牌上也镶上皇室盾徽，并刻上"M·A·罗斯柴尔德，威廉王子殿下指定代理人"这句话。作为一种护身符，这对梅耶的生意大有好处。不过，梅耶也并非投机之人，他办事非常认真靠谱，从未让威廉王子失望，所以担得起这份信任。

抓住机遇的关键，在于把握时势。当法国的资产阶级大革命爆发，一片混乱中，梅耶利用德国与英国的贸易中断，开始暗中打通了从英国贩运商品到德国的通道，在特殊的时代背景下，这无疑是一桩暴利买卖，梅耶因此聚敛了一大笔财富。

梅耶之后趁热打铁，又将目光投向相近领域——开始涉及银行生意。后来他和他的五个儿子阿姆斯洛、所罗门、内森、詹姆斯、卡尔，先后在法兰克福、伦敦、巴黎和维也纳建立了自己的银行体系。

人们始终不明白，罗斯柴尔德家族为什么这样喜欢征服。他们越战越勇，到1800年时，当人们谈论起法兰克福最富有的犹太家族，罗斯柴尔德家族已经成为答案之一。在拿破仑掌权后，威廉王子出逃丹麦，临行前将一笔三百万美元的现金交给梅耶保管。每个财富体系的建立都需要第一桶金，而支撑梅耶发展的，正是这三百万美元的现金。

梅耶有句名言："在一起祈祷的家庭将凝聚在一起。"除了野心，梅耶还有优秀的五个儿子。当得到了第一桶金，他首先想到的，就是建立一个坚固不可摧的金融体系。五个儿子，就像是他的分身，分布在不同的国家，开辟着不同的疆土。

如今，这个小小的体系已经壮大。几乎在欧洲主要城市，都可以见到罗斯柴尔德银行。他们征服了全世界，实现了价值的最大化。他们不仅可以独立进行情报收集，也拥有独一无二的快速传递系统，为很多欧洲皇室贵族服务过，甚至首创国际金融清算系统，实现控制世界黄金市场的目的。

不同的社会背景下，或许罗斯柴尔德家族的成功已经不可复制。但是传奇背后的故事，依旧闪着智慧的光，令人想要探究，哪怕学得一些皮毛，触发一点灵感。梅耶·罗斯柴尔德，这个世界金融界的巨头，让这样一个传奇性的金融帝国揭开了帷幕！

第一章 风云起涌的年代

1. 战争，还是战争

自古以来，英雄的问世，离不开"时势"二字。梅耶·罗斯柴尔德生活的时代，正是欧洲的大动荡年代。历史上著名的七年战争，即发生在这一时期。那时的梅耶只不过是一个小孩子，作为犹太人，他从小就受到许多不公正的待遇。而在动荡的环境中如何生存下去，便是他很早就面临的一个问题了。

17世纪末到18世纪，欧洲爆发了全面战争。当时，英国、法国奉行侵略政策，它们在众多国家掠夺土地，或者相互之间争夺殖民地。欧洲出现了英法争霸的局面，除了不断恶化的外交关系，一触即发的各种矛盾，也带给许多国家灾难。1688年，英国国内政变，斯图亚特复辟王朝亲法政策被更改，英法矛盾更加白热化。为了争夺海洋和殖民霸权，它们在一百多年的时间内进行了多次战争。据统计，光是大规模的战争就有四次，这样的局势，已经影响到了欧洲人民的生活。

第一次战争是奥格斯堡联盟战争（1688—1697年）。战争的根源是欧洲各国对法国国王路易十四不断扩张领土不满。当共同的利益受到威胁，必然联合起来反抗。最初，反法同盟由荷兰、奥地利和布兰登堡组成，名称为奥格斯堡联盟。后来陆续有瑞典、西班牙、巴伐利亚、萨伏依、萨克森等国家纷纷加入。1688年，路易十四提出变本加厉的要求，以图占领大量土地，此举自然引发奥格斯堡联盟的不满，战争的硝烟味越来越浓。

长达一个多世纪的时间里，欧洲各大国之间的关系就这样马不停蹄地进行着大变动，各种矛盾错综复杂。其中对全局起决定作用的首先是英法矛盾。从16世纪末叶到17世纪70年代，英国先后打败了西班牙和荷兰。一山难容二虎，它与欧洲大国法国之间的矛盾迅速进入白热化阶段，战争迫在眉睫。

另外，罗马帝国分裂之后，普鲁士和奥地利之间的矛盾也显露出来。在所有国家中，这两个国家的野心最大，都想称霸德意志诸国。在两次西里西亚战争中，普鲁士都强势占领了奥地利哈布斯堡皇室领地。这也直接导致了两国之间的对峙。

最后需要提到的就是俄普矛盾。18世纪初叶，沙皇俄国打败了瑞典，从而建立强国形象，并将矛头对准了东普鲁士，继续推行西进和南下扩张政策。普鲁士发展势头同样不可挡，它的日益强大使得俄国的如意算盘屡屡失算。这两个国家之间的鸿沟同样不可填平。

世界格局因为战争而改变。在七年战争过程里，欧洲大陆、地中海、北美、古巴、印度和菲律宾等地均被卷入其中。很多国家都主动或者被动地参与其中，其规模之大，影响力之深远，都有目共睹。英国首相丘吉尔曾发出感叹："这才是真正的第一次世界大战！"

或许梅耶·罗斯柴尔德以及他开创的这个金融帝国家族的命运注定要与战争结下不解之缘，无论是他日后成就金融霸业的时机，还是自己刚刚来到这个世界上的时代——也就是在欧洲陷入混乱的战争这一时期，七年战争刚刚结束的时候，他诞生在饱受歧视和宗教压迫的法兰克福犹太区。

国家不幸商家幸，其实对于很多银行家而言，战争要比和平受他们欢迎得多。战争一旦打响，各个参战国往往会不惜一切代价去取得胜利，当和平的号角吹响，战胜国与战败国都将陷入银行债务的纠缠。从17世纪末到19世纪初，在英格兰银行成立到拿破仑战争结束的一百二十一年时间里，英国有五十六年处于战争之中——剩下的一半时间在准备下一场战争。

罗斯柴尔德家族在这些战争中收获了巨额的利润，为后来的生意发展赚得了让人羡慕的财富。从法国大革命到第二次世界大战，几乎所有近代战争的背后，都闪动着他们的影子。

当梅耶的夫人濒临离世的时候，她说道："如果我的儿子们不希望发生战争，那就不会有人热爱战争了。"

我们可以具体来看几个人类历史上著名的战争——都是与罗斯柴尔德家族有着密切关系的战争：

在法国大革命前后，很多人积累了战争财富。这只是一个开始，很多西欧金融财团刚刚崭露头角，很多名字开始出现在历史的节点上。革命期间，一些法国贵族逃到英国，甚至包括印刷发行法郎纸币和法国国债的主要负责人和设计者。这些疯狂的人大量印刷了虚假法郎纸币和法国国债，在法国套购物资。有人说，这是在报复革命政府和督政府，也有人说，他们不过也是为了解决自身经济的困境。总之，这种经济现象大概持续了十五年，造成了很多恶劣的社会影响和经济损失。作为反击，拿破仑皇帝在上台后也如法炮制，伪造英镑纸币来扰乱英国秩序，这一系列行为，不只导致了金融泡沫，更加造成了局势的混乱。保持金本位数年之久的英国，也不得不在趋势面前低下了头。从中也就催生出第一代金融财阀——罗斯柴尔德家族、洛克菲勒家族、杜邦家族和梅隆家族。而另一方面，英国越来越依赖于国债的发行，常年战争和国内混乱局势已经令其苦不堪言。索性，英国将金融主导权拱手相送，给了罗斯柴尔德家族。罗斯柴尔德家族积累财富的方式正是通过制造流通虚假有价证券。

后来，美国的崛起让罗斯柴尔德家族感到不甘心，他们不愿在自己的势力之外出现强敌。于是，他们开始扶持摩根财团，希望可以牵制美国。罗斯柴尔德家族试图全面控制美国市场，而在当时，洛克菲勒家族、杜邦家族和梅隆家族都没有形成大的气候，不足以与其对抗，只得无奈妥协。于是，罗斯柴尔德家族将花旗、摩根这两家美国第一、第二的国民银行都控制于股掌之间，他们再次登上了事业的巅峰。

第三次的财富积累则发生在一战期间。当时洛克菲勒家族、杜邦家族、摩根家族和梅隆家族抓住罗斯柴尔德家族的影响力由于战争而下降的机会，在美国发起了反攻，力图摆脱受到控制的命运。但是随着战后罗斯柴尔德家族的反攻，美国的四大家族发现自己的力量还是无法对抗罗斯柴尔德家族——容克财团在大战中损失惨重，德意志四大银行组成的德意志财团也屈服于罗斯柴尔德家族的意志。罗斯柴尔德家族达到了自己的又一个顶峰，开始控制全球金融命脉。

第四个时期则是二战。罗斯柴尔德家族是血统非常纯正的犹太人的一支，也是希特勒反犹的主要对象。这一时期罗斯柴尔德家族险些到了崩溃的边缘：大量家族成员被杀害，家族资产被侵吞，超过三分之二的旗下金融机构完全不存在了。美国财团利用这一有利时机反过来吞并罗斯柴尔德家族在美国和澳洲、加拿大的近乎全部资产，建立了花旗财团、摩根财团、美洲三大财团。罗斯柴尔德家族在欧洲大陆和北美、澳洲的全部金融机构和资产全军覆没，靠在英国和瑞士幸存的少量金融机构艰难支撑，才在战后逐渐缓过一丝元气。

这里还要提到的是，震惊世界历史的犹太复国主义运动中，如果论财力支持方面，当属罗斯柴尔德家族贡献最大。罗斯柴尔德家族在法国的成员爱德蒙男爵（1845—1934年）在20世纪初向巴勒斯坦的早期犹太移民提供了约六百万美元的资金，帮助移民们购买土地和生产设备，定居生存。这一切，都说明这个家族已经不单纯地是一个国际性的财团组织了，它甚至可以说与人类近现代史有着休戚与共的联系，并与此同时述说着一个金融帝国的传奇经历。

2. 英格兰银行的诞生

凡事都有它的两面性，战争也不例外。在人们通常的印象里，人类制造种种残酷的战争似乎都出于你争我夺的贪婪与仇恨，战争本来就是一个极具负面意义的词，它是杀戮、死亡的代名词，是破坏安宁生活的凶犯，它更是造成生灵涂炭、人性泯灭的罪魁祸首。然而，许多历史学家在总结战争的影响时竟然会不忘着重指出战争的另外一面：它在摧毁旧事物的同时也在催化新事物的诞生。

古希腊哲学家赫拉克利特曾说这样一句话："战争，是一切缘由之父。"

如果仔细想来，不能不说这话是有一定道理的。我们仅需要拿来生活中常见的几件物品，就会不由得从心底里感叹战争对新事物的催化作用：为了侦察敌方飞机，人们发明了雷达；为了救治受伤的士兵，人们发明了医用青霉素；为了在战争中快速加热食品，人们发明了微波炉；为了解决长期行军途中食物短缺，人们发明了密封罐头。还有很多伟大发明不胜枚举，有人将这种现象称为"被逼迫出来的智慧"，可是无论是出于紧急状态下的迫不得已，还是特殊情况下主观能动性的最大发挥，这些战争催生的发明，都改变了我们生活的世界。

在战争催化出的这些有形物品之外，还有一样东西看似与战场没有直接关系，却是战争中取得胜败的关键因素，那就是能为战争提供资金的银行。下面我们可以逐步来具体看一下世界上第一家私有银行——英格兰银行，是怎样在战争中诞生的。之所以要了解这个银行，是因为它的诞生对金融界有着极为特别的意义，它也是罗斯柴尔德家族日后在金融领域能够如鱼得水发展的至关重要的因素，当然这是后话。关于银行的诞生，我们还要再接回战争说起。

1688年，光荣革命结束。经济领域发生两件转折性事件，一个是英格兰银行的建立，另一个是东印度公司的建立。可以看到，英国信贷机构的发展相当晚，联想到如今的景象，人们不禁纳闷：这个欧洲最大的金融城市，究竟是如何发展壮大呢？

追溯英国的金融史，在17世纪中叶以前，人们不知道银行的概念。1689年至1805年，英法之间不断发生战争，于是产生了军资筹措的难题。17世纪，一场战争需要的军费要几千万英镑，就在一百年之前，才仅仅需要几百万英镑。后来到了拿破仑战争末期，一年的战争军资动辄就是上亿英镑。可见战争除了劳民伤财，别无好处。在国家发展过程中，战争是非常规阶段，即使是最先进富裕的国家，也无法依靠正常收入来支援战争，所以，除了借款，各国政府别无他法。

在17到18世纪，欧洲陷入各国源源不断的争端之中，长时间的战争使得资源透支，人口数字下降。每一个参战的国家都背负着庞大的社会压力。而所有的压力中，缺钱，是最令人痛苦的。为了想出各种办法解决军资匮乏的问题，滋生了"自己向自己借钱"的办法，由此诞生了现代中央银行的雏形。

英国在克伦威尔发动的资产阶级革命中耗费了国内大量的财政资金。1688年光荣革命，威廉一世入主英国，英国财政几乎陷入了崩溃的边缘。这还不算结束，更让这个国度雪上加霜的是，仅仅一个海峡之隔的法国也对其虎视眈眈，当时的法国国王路易十四更是历史上有名的颇具攻击性的帝王，可以说是自古代罗马以来到拿破仑之前最残暴的一位。果然，1689年爆发了历史上著名的英法战争。

为了取得战争的胜利，双方都不惜血本，几乎倾举国之力投入到战争中去。这一来，英国的财政状态更不乐观。

英国当时在位的威廉一世为了凑足战争经费，想尽办法，四处求钱，很难想象一国君主这种姿态。可是即便这样，这种情形延续到威廉三世时代，也没有什么起色。威廉三世仅筹得两百万英镑作为战争资金，他也做出过其他尝试，比如运用税收、个人贷款和彩票等增加政府收入来源，但均以失败告终，英国财政状况始终没能逃脱入不敷出的困境。

正在这个紧要关头，以威廉·帕特森为首的银行家向英国国王介绍了一个从荷兰学来的新生事物：建立一家私有的中央银行——英格兰银行，来为国王庞大的战争经费进行融资。

事实上，这是英国政府和英格兰银行的一种利益结盟。1694年，一千二百八十六名商人聚集在伦敦，他们以股权的形式借给国王一笔资金，年利率为百分之八。除了利率，国王赋予了他们接受存款、贴现票据和独家发行国家认可的银行券等超级权利。英格兰银行的资金筹措非常顺利，很快就借到了支援法兰德斯战役的一百二十万英镑，而这个过程，只用了十一天。英格兰银行制定了非常严格的规定，避免英国王室滥用这笔资金。也正是因为这些严格的规定，让民间资金更加信赖英格兰银行，加速了资金的注入。英国战争的资金源源不断，而投资者也真的获得了不错的收益。反观法国的状况，其实从传统角度来看，国土面积大于英国，国家实力不用多说，唯独卡在了军资的筹措问题上，这与英国形成了对比，也造成前线战事的失利。

这家私人拥有的银行向政府提供现金作为政府的"永久债务"，作为回报，政府允许其在快速发展的银行领域，作为第一家私人公司——如同有限责任公司或所谓的合股公司那样开展业务。

世界上第一家私有的中央银行就这样成立了。一个远较过去复杂得多的金钱的概念和实践被一大批有冒险精神的银行家创造出来。英格兰银行的成立在英国历史乃至世界历史上有着极其重要的意义。这家机构长期以来对银行体系、国民经济、黄金库存、英国与世界其他国家的金融关系的影响力与日俱增，包括它自身的权利也在日益增加。英格兰银行的诞生也与政府实现了双赢：英格兰银行解除了萦绕在政府身上的赤字噩梦，并提供了坚实的货币基础，来支撑工商业的发展和壮大，甚至推动军事上的对外扩张。可以说，没有英格兰银行，也就没有傲视世界的"大英帝国"；政府在英格兰银行身上得到如此巨大的利益同时，也以其力所能及的权力对英格兰银行投以回报。

然而，在这看似很完美的机构产生的同时，民间对其反响却并不是很好。虽然它极富有创新意识，也确实为政府解除了很大的担忧，但是百姓却对它颇有微词。英格兰银行甚至一度被称为人民财富的"吸血鬼"。

这又是为什么呢？从银行的发展历程来分析，才能够找到英格兰银行做法的根源。一直以来，金融银行家都热衷于发行银行券，因为可以谋得利益。银行券的真正意义是什么？它们是金币储户的储存收据。因为金币重量的关系，不方便携带进行交易，于是大家用收据来交易。然后再从金匠那里兑换相应的金币。时间久了，人们觉得没必要总是到金匠那里存取金币，后来这些收据逐渐成了流通的货币。金匠们多么聪明，他们很快就发现，来取金币的人只是少部分。于是便大着胆子，将一些收据放给需要钱的人，并向他们收取利息。这一切都在暗地中进行，借款的人还清后，金匠们（后来的银行家）悄悄销毁一切证据。不知内情的人，看不见这其中的波涛汹涌，仿佛什么都没有发生，而在这个过程中，大量利息被装进了金匠（银行家）的腰包。利润的大小，取决于金匠（银行家）的收据流通范围和民众接受程度。而英格兰银行发行的银行券的流通范围和民众接受程度无疑是具备优势的。这个时候，英国政府的财政赤字已经趋向货币化。

当然，英国政府能够解决战争费用，与英格兰银行是分不开的。如果没有后者，伦敦不可能成为交易和金融中心，与阿姆斯特丹并肩。利率的下降，是由于资金的流通量增加。仅仅十多年时间，年利率已经降到百分之四以下，再也回不到当初的百分之七至百分之八。当利率不断下降，企业投资和经营成本势必减少，自由主义的贸易体系初建，迅速使得资本点燃了经济繁荣。一时间成为势不可当的态势，拉动了欧洲许多国家的金融业。因此，这像是一个故事的序幕，即将引出罗斯柴尔德家族的金融帝国建造。

无论如何，英格兰银行华丽诞生。工业革命即将创造出更多价值，以投资收益的形式。这就是我们下一节所要说的内容了。

3. 工业革命

梅耶·罗斯柴尔德生活的年代前后，除了战争、银行之外，还有一个非常重要的时代关键词：工业革命。中国古人说"知人论世"，可见要评价一个人不能把他与社会隔离开来下结论，总需要在社会的底色之下才能更清晰生动地勾显出轮廓。为了更好地了解罗斯柴尔德，这里有必要继续说一下工业革命的产生及其对那一个时代的影响。

我们现在所说的这一场工业革命，是特指人类历史上的第一次工业革命。经历了千年农牧时代的社会，这一场翻天覆地的生产方式改变带来的不仅仅是欧洲地区的文明进程更迭，甚至在世界上都席卷起了一场工业化的浪潮。有人认为工业革命在1750年左右已经开始，但直到1830年，它还没有真正蓬勃地展开。大多数观点认为，工业革命发源于英格兰中部地区。1765年，英国工人哈格里夫斯发明的珍妮纺纱机的出现，标志着工业革命首次在英国出现。18世纪中叶，英国人瓦特改良蒸汽机之后，由一系列技术革命引起了从手工劳动向动力机器生产转变的重大飞跃。随后工业革命传播到英格兰再到整个欧洲大陆，19世纪传播到北美地区。后来，工业革命传播到世界各国。它的"始作俑者"不得不仍要从英国谈起。

英国在经历过17世纪40年代的革命风暴和1660年开始的复辟反动共将近半个世纪的长期动荡之后，到1688年至1689年，政局终于比起先前来说有了相对稳定。此后，在这一政治环境中，又经过了将近一个世纪的嬗变，到18世纪末在英国终于确立了资产阶级国会制度。

通常来说，这个制度具备以下几个特点：第一，国会掌握全部立法大权，国王没有否决权；第二，作为最高行政机构的内阁由下院产生，国王只能指定下院多数党领袖组阁；第三，内阁对下院负责，首相或有关大臣定期向国会报告工作；第四，内阁必须得到下院的信任，一旦下院投不信任票，内阁或者辞职，或者下令解散国会而重新选举，由新选出的下院决定内阁之去留；第五，国会有弹劾大权及罢免法官的权力。

由此可见，在资产阶级国会制度下面，国会不但是最高立法机关，而且也取得了决定内阁人选、监督内阁施政、决定内阁去留及干预司法工作的大权。与此同时，英国国王失去一切权力而变为"统而不治"的傀儡君主，当然，英国就这样成了君主立宪制国家。

上述这些演变，固然与一系列偶然事件有关，特别是与统治英国的几个君主都是外国人有关，但是更重要的原因在于：伴随着资本主义发展的脚步，大资产阶级的社会经济力量开始日益壮大，当这个阶级联盟在一起，连国王都要避让三分。

在18世纪后期，因为不满于当"统而不治"的"虚君"，国王乔治三世曾做出过大动作，企图慢慢夺回已失去的王权，但是这个企图失败了。因为当时资产阶级国会制度已经巩固，国王即便想扭转乾坤，也不得不感叹心有余而力不足了。

英国君主立宪制度具有划时代的意义，当它宣告成功的那一天，也标志着大地主大资产阶级的统治时期到来，他们掌控着两大政党，连国家最高权力机关国会下院也被他们紧紧捏在手心。

英国大地主大资产阶级在通过1688年革命上台后不久，就利用政治上层建筑积极巩固资本主义基础，他们通过国会及立法程序为本阶级谋利。

首先，大地主大资产阶级在圈地的时候以"合法手段"进行，由于切断了阻力，进程十分快速，这让圈地运动的火焰迅速蔓延。在以前，贵族们圈占土地驱逐农民，建造自己的牧场，这是一种被唾弃的个人暴力行为，现在却堂而皇之地以法律为盾牌，变成合法掠夺。

自从1709年国会通过第一个圈地法案以后，圈地法案件数逐年递增。1717年到1727年间有十五件，1728年到1760年间有二百二十六件，1761年到1769年间有一千四百八十二件，1797年到1820年间有一千七百二十七件。据统计，约有四百万英亩土地在法案通过之后被圈占。

圈地运动把大批农民赶出了自己世代居住的家园。根据当时人的记载，说是在某些地方，一百所房屋和家庭已经减少到八所或十所。令人瞠目结舌的事情时常发生，比如暂时圈围的大片领地会转眼间属于几个富有的畜牧业主，而就在不久之前，这片领地还属于辛苦耕耘的二十几个租地农民或者土地所有者。所有这些人和他们的家庭，从自己占有的土地上被赶走。住宅、谷仓、马厩等等变成的废墟，是他们留下的唯一痕迹。

几乎是狂飙突进似的速度，历史上存在已久的自耕农作为一个阶级竟然就这样一夜之间消失了。可怜的是，被剥夺了土地的农民，由于失去了自己的生活来源，又一时解决不好这突如其来的角色转换，有的竟贫病交困，冻馁而死；而另外相当大的一部分，则迫于生计，沦为农场主的雇工；大部分流落城市，加入产业后备军的行列。大批"自由"劳动力的存在，为工业革命带来了不可或缺的生产元素。

另一方面，在圈地运动中，夺得了土地的地主，把土地租给资本主义农场主经营。农业资本家雇用工人，利用大农场的优势，改进耕作技术，用四圃轮作制代替休耕制，牛羊由放牧改为圈栏饲养，对土地实行深耕细作，增施有机肥料，提高产量。小农场缺乏资本，无力采用新技术，在与大农场的竞争中，景况不佳，不断破产。据估计，1740年至1788年间，出现运营困境的小农场约有四万家。而资本主义大农业则迅速发展，以极高的产量支撑着越来越蓬勃的进出口贸易，1700年，英国小麦和面粉的出口达到了四万九千夸脱，1750年，出口已经到了九十五万夸脱，实现了几十倍的增长。

现在，农业地区变成了原料产地和工业品的销售市场。

19世纪中叶，英国圈地运动结束。这场运动持续了三百多年，大批"自由"劳动力涌向市场，这也使得英国的工业品市场趋于巩固。

事物之间总是存在一定联系的，英法战争中英国的胜利，也为其大大地扩充了海外殖民地。在征服殖民地的过程中，英国侵略者疯狂地抢劫殖民地的财物珍宝。有一个十分著名的例子，就是英国殖民强盗头子克莱武，他在英军占领印度孟加拉省后，迅速洗劫了国库，仅一个人就抢到了二十三万四千英镑。另外有人统计，从1757年开始，在将近六十年的时间里，东印度公司搜刮了十亿英镑，全部来自印度。同样在这场运动中损失惨重的还有西印度群岛，英国大种植场主成为获利群体，在1789年以前都可以获得四百万镑的年收入。

战争可以改变政治格局，英国胜利后独占了世界贸易，成为名副其实的海上霸主。它有强大的海军为后盾，所以在世界贸易中疯狂牟得利润，尤其是奴隶贸易。据统计，在18世纪末，平均每个贩卖奴隶的商人，可以获得三十万英镑的年收入。

于是，英国凭借着殖民地掠夺以及疯狂的海上贸易，积累了大量资金。当这些资金流入国内后便化为资本。与此同时，因为殖民征服的脚步仍在继续，所以利益仍在升高，并且顺带着发展了本国商品的海外流通。

纵观圈地运动的急剧发展，18世纪后期，很多人被剥夺得身无分文，成为英国无产者大军中的一员。社会动荡之后，所有非正常渠道聚敛的财富，都流入英国资产阶级手中，这些财富来自殖民地掠夺、海外贸易、国债制度及消费税政策，都是劳动人民的血汗。当这些财富化为资本，推动了18世纪60年代英国的工业革命。

另外，工业革命的发生也与工场手工业的发展有密切关系。

在世界近代史上，手工工场是从手工业小生产到机器大生产的过渡形式，它为机器大工业的诞生创造了必要的条件。手工工场使得社会分工得到了更为细化的发展，据亚当·斯密记载，制造一个扣针，分为十八道工序，每个工人只完成一道工序。分工的发展，不但提高了劳动生产率，而且使劳动工具专门化。在伯明翰一个地区的工厂，可以生产出五百个种类的锤，可见劳动工具的细化和专业化发展到了什么程度。

当劳动工具的专业化越来越强，也促进了机器的制造。因为机器的组成本来就是由很多小工具组合的。有了机器，还要有使用机器的人，而手工工场早就贮备了专门从事某种劳动的熟练工人。可见，罗马不是一天建成的。工业革命也是各类因素杂合酝酿的必然后果。

工业革命也送来了人类历史上伟大的筑路时期。鲁迅先生曾有一句非常著名的一句话："世界上本没有路，走的人多了，也便成了路。"的确，人类的脚掌踏出的道路起初是非常原始的，想去稍远一点的地方，人们也只能步行或骑马前往。晴天倒是还好，如果遇上大雨，马力面临挑战，装载货物的运货车将无法前行。直到1850年，约翰·梅特卡夫、托马斯·特尔福德和约翰·麦克亚当等筑路工程师发明了更先进的道路，才解决了这一困境。人们开始修筑硬质路面，这样的道路甚至已经可以承受一整年的交通压力，夜间行驶完全没有问题。在这一发明的推动下，乘四轮大马车行进的速度从每小时四英里增至六英里、八英里甚至十英里。如果按照之前的方式，从爱丁堡到伦敦的旅行要花费十四天，如今则缩短到只有四十四小时。可见陆路交通在工业革命后得到了前所未有的飞跃。这就为后来商人们的往来贸易节省了大量的时间，当然也就促进了商业的效率得以前所未有的提升。

除了交通运输，工业革命的战火也烧到了通讯联络领域。人们一直认为，要想将消息送到远方，必须要通过运货马车、驿使或船。直到这世上诞生了电报，才标志着通讯的飞跃，人们不得不相信，信息自己长了腿，可以瞬间到达另一个地方。

如此一来，天时地利的舞台已经在这个时代搭好，大幕缓缓拉开，只等待着时代的骄子们上场了。在法兰克福的那位天才金融少年，终于等来了登台表演、一展身手的时机。

第二章 挖掘第一桶金

1. 犹太社区的天才金融少年

在漫长的历史中，欧洲人对犹太人一直持成见。公元1世纪，罗马帝国攻占了犹太人的故乡巴勒斯坦。为了夺回家园，犹太人举行过多次大规模的起义，但都遭到了血腥镇压。在一个多世纪的时间里，罗马统治者屠杀了上百万的犹太人，最后把剩余者全部驱逐出了巴勒斯坦。

无家可归的犹太人流亡到西欧，当时的西欧正处于农牧社会，土地是国家最珍贵的资源。西欧的封建土地主不允许犹太人占有土地，因此从事商业活动变成了他们唯一的生存手段。正是历史赋予的这个机会，让犹太人变得聪明、坚强起来，不仅在逆境中繁衍生息，而且逐渐地富有起来。

公元13世纪至15世纪，欧洲社会迎来了飞速发展时期，资本主义社会的萌芽产生、发展，最终成型。

随着该时期的到来，欧洲资本家和犹太资本家们便在利益方面产生了激烈的冲突。至于原因，则要追溯到很久以前。虽然，《旧约全书》原本是犹太教的经典，但基督徒却对犹太人将耶稣钉死在十字架上怀有深深的仇恨。

随着时代的发展，这种仇恨越来越深，渐渐变成了一种特殊的"文化"。

法兰克福是一个滨海城市，靠近莱茵河，是德国与西方国家贸易的门户。这里又与法国、荷兰的边境接壤，因此，这样的独特的位置，吸引了大批拥有金融天赋的犹太人来此定居，在法兰克福，随处可见犹太人的身影，但是，这却让那些虔诚的基督教徒们感到非常不舒服。政府对法兰克福的犹太人做了规划，将他们都安置在了一个条件艰苦的新居住区，就算把这里称为"监牢"也不为过。充足的阳光对生活在这里的人来说都是难得的享受。然而，坚强的犹太人就在这样的坏境中生活了三百年，尽管他们依然很难融入这座城市，一直被本地居民视为"眼中钉"。

17世纪20年代，法兰克福发生了"菲特米尔茨暴乱"，驱逐法兰克福犹太人。虽然在暴乱之后，犹太人很快就回到了城里，但却受到了政府另类的"保护"。当时，法兰克福政府制定法律，约束犹太人的自由，犹太人在外出时必须佩戴象征身份的饰物——男人佩戴两个同心黄色戒指，女人佩戴有条纹的面纱。除此之外，犹太人还被禁止从事一切与农业相关的事业。这在以农业为主的社会中，无异于剥夺了人的生存权。

法兰克福的犹太人在这里生活得小心翼翼，如果一个犹太人在街上听到有人说"犹太人，本分点"，那这个人则必须脱下自己的帽子，毕恭毕敬地站在一边。

梅耶的父亲——阿姆斯洛·摩西·罗斯柴尔德是这群犹太人中的幸运儿，他不但被允许结了婚，并且在1744年生下了小梅耶。从可以查到的史料来看，罗斯柴尔德家族早年从事过不同的零售生意，生活水平也只能维持温饱罢了。虽然物质生活并不尽如人意，他们却非常看重个人的精神修养，犹太人非常重视孩子的教育，尤其是宗教教育，阿姆斯洛·摩西·罗斯柴尔德也不例外。很明显摩西是一个喜好学问的人——根据他的墓志铭，确实如此，他的愿望是让儿子接受良好的宗教教育，长大后可以成为犹太教堂中的一位法学导师，因为这在当时是一个非常受人尊敬的职位。当然日后梅耶的经历并没有如父亲所愿，不过也幸好是这样，否则这个世界上将少了一位金融界的传奇人物。

可惜阿姆斯洛·摩西·罗斯柴尔德和妻子并没有亲眼看到梅耶长大成人，两个人在1755年和1756年因为某种瘟疫相继去世。

梅耶·罗斯柴尔德曾经回忆，自己在年轻的时候是一个非常活跃的商人，但因为当时还是一名学生，也没有对商业做过系统的学习，所以做生意也就没有什么组织性。犹太教，这个古老的宗教一直秉承了良好的商业品德，它告诉商人们，需要创建信用网络的时候，一个结构严密的"外部"组织会员资格可能会带来帮助，而且可能存在着某种联系。到现在为止，人们已经强烈意识到，犹太人是世界上最擅长金融的民族。

作为最大的儿子，梅耶继承了父母的一点遗产。但他毕竟还是一个孩子，本应该回到家里，与姐姐和两个弟弟一起过平静安稳的生活的，他却选择了另外一条路——被送去汉诺威的沃尔夫·雅各布·奥本海姆公司学习初级的商业知识。当梅耶成为商业大亨以后，有人回忆他的一生，认为他当时就表现出了非同凡响的商业天赋，这是吸引奥本海姆公司的最重要因素。

其实，在梅耶十岁左右的时候，他就跟随着父亲接触过一些钱币兑换的工作，也就是用金和银来兑换被人们认为是粗糙的适量铜币。此时整个德国已经被战争割裂，分割成无数小公国和城邦，但却给精明的犹太人以机会，因为对于每个人来说，货币兑换尤为重要，即使完成一次最短距离的旅行也是如此。在此期间，梅耶曾经意外地收获了具有特殊意义的硬币。在同他人的交谈中，梅耶敏锐地意识到这是机会。他找师傅学习鉴定古钱币的方法，渐渐地在"古旧钱币学"方面声名鹊起。

后来，梅耶被送到福斯学习。不过，这个天生具有盛业头脑的孩子对宗教毫无兴趣，对如何赚钱却兴趣浓厚。

很小的时候，梅耶就懂得一个道理，就是人们评价一个人成功的标准一般是看他拥有多少财富，只有努力获取财富，才能够树立威信、赢得尊敬，正如一句著名的犹太谚语所说："钱不是罪恶，也不是诅咒，钱会祝福人的。"

勉强完成学业以后，梅耶迫不及待来到汉诺威的奥本海姆公司当学徒。在汉诺威的时光，是梅耶人生中难忘的一段，这难得的经历也让他很幸运地开始接触到"宫廷犹太人"的特权世界。在那里，他有幸结识了对硬币收集如痴如醉的凡·伊斯托夫将军。梅耶知道将军对收集硬币情有独钟，便索性将自己的收藏统统拿出来给将军和他的朋友们观赏，并对每一枚钱币的来历和有关的历史典故侃侃而谈。伊斯托夫将军对这个看上去年纪不大却有着丰富知识和幽默风趣的年轻人刮目相看，不久便委以重任——替他收集有价值的钱币。可以说，这是梅耶最早的生意。

2. 跻身宫廷代理人

根据法兰克福的法律，居民在学徒期满后必须要回到原住地。到了1764年，梅耶便离开了汉诺威，回到了法兰克福。虽然他并不想离开这个充满机遇的地方，但是法律规定摆在面前，他凭着个人单薄的力量根本无力改变。

机遇总是给有准备的人的，是金子在哪里都会发光，就在梅耶回到法兰克福不到一年的时间里，他便又一次向人们展示了自己的商业天赋。而这一次，是与上一节我们提到的凡·伊斯托夫将军不无关联的。事情究竟是怎样的呢？

有一次，伊斯托夫将军托人给梅耶带来了一个消息：他熟识的一位显赫的人物——汉诺郡的统治者威廉王子对梅耶的古钱币非常感兴趣。听到这个消息的梅耶大为兴奋，他立刻随伊斯托夫将军来到了威廉王子的王宫，这位黑塞王子的父亲弗雷德里克二世曾与属于汉诺威族系的英格兰国王乔治三世的女儿结婚。历史上政治联姻历来是不罕见的，这一个也不例外。本来，两个国家的统治者都是打算利用他们的家族关系来巩固自己的政治利益，然而，他们却忽略了感情是并不能当作买卖来交易的，更不是一个完美的政治筹码。弗雷德里克二世的婚姻并不幸福，他本不是一个性格温和的人，与自己的父亲就一度不和，现在，他整日与妻子，甚至岳父都争吵不休。

弗雷德里克二世并没有恪守一位政治家以及王位继承人的本分，在婚后，他与自己的妻子、父亲以及岳父之间的矛盾始终就没有中断过，几乎每天都在无休止的争吵中度过，他自己甚至从一名新教徒变成了天主教徒。为了不让孙子受到叛逆的儿子的影响，兰德格雷夫·威廉八世让威廉王子离开了黑塞统治的中心卡塞尔，将汉诺郡划分给他。

老兰德格雷夫去世后，威廉成为王位继承人。

威廉王子虽然有着令人羡慕的显赫身份，但是和他的父亲一样，婚姻和家庭也都并不美满。无论是他的爷爷，还是他的母亲都千方百计让这对父子俩离得远远的，所以他和父亲的距离几乎一直都很疏远。不但如此，威廉王子同丹麦公主卡洛琳的婚姻注定要贴上"失败"的标签。他们本就养尊处优，早已成为习惯，加上性格上存在着极大的差别，并不懂得如何去包容和爱别人，这让他们的生活看上去就像是一种折磨。于是，威廉王子的内心也并不在意自己的家庭，开始寻找新的幸福。大家只知道，后来他同许多自己喜欢的女人生活在一起，并且生了许多孩子。

虽然生活并不能尽如威廉王子的心意，但在治理领地方面，他却做得十分出色。对于宗教，威廉王子没有固执的狂热，在他的宗教宽容政策下，犹太人可以在他的统治区域内享受比其他地方更多的自由。另外，非常难能可贵的是威廉王子对那些出色的犹太商人尤为欣赏，有人说，如果不是因为君王的身份，威廉王子一定会成为一名杰出的商人。这也有点像中国历史上的"画家皇帝""木匠皇帝"。

将梅耶与威廉联系在一起的，正是伊斯托夫将军。威廉在伊斯托夫影响下对硬币收集日益感兴趣起来，或许因为家庭的不幸和婚姻的失败，他更需要一些乐趣来填补自己情感上的缺失。1763年，威廉尽情放纵自己的热情和权力，对自己的爱好投入了巨大的财力，想从中获得满足感和快乐。为了讨好威廉王子，伊斯托夫将军向威廉推荐了他的朋友梅耶，并告诉威廉王子梅耶收集古币遇到的故事和得到的快乐。当梅耶知道这件事情的时候，自然非常高兴，他心中很清楚，这是一个千载难逢的机遇。他精心挑选了一部分适合王子的纪念章和硬币，准备送给威廉王子。可是，王子并未亲自接见他。为了接近王子,威廉把这些纪念章和硬币送给他的侍卫,以图得到他们的帮助。

与威廉的生意刚刚开始的时候,交易金额并不高。据记载,1765年6月交易金额不过是三十八古尔登三十克罗伊茨,是一笔极小的金额。

1769年,梅耶用极为谦卑的语气给威廉王子写了一封信。他在信中向威廉王子承诺,自己永远会用所有的财产和能力为王子服务,只是希望得到王子的授权,成为王宫的代理人。这封信是罗斯柴尔德家族走向显赫的大门,因为他是家族历史上第一封和显贵结交的证据。

在当时的欧洲,可以说是"有钱不如有权",头衔和荣誉对一个人的重要性以及实用性远远要比今天大得多。如果一个人姓名的前面或者后面没有任何头衔的话,那几乎等于在这个社会上行走时,所有的门都不会为他敞开。也正是因为这样,几乎每一个人都想为自己从王宫中谋得一个头衔。

1769年9月21日,梅耶终于如愿以偿,在威廉王子的帮助下,他被任命为"黑塞-汉诺公国王宫代理人"。

一年后,二十六岁的梅耶喜欢上了一位名叫古特里·斯切纳波尔的女孩。这个女孩的父亲沃尔夫·萨洛蒙·施纳佩尔是萨克逊-梅宁根王储的"王宫代理人",和这个时期的梅耶算得上是门当户对。梅耶身上所具有的气质也吸引了古特里,不久两个人便结婚了。1770年8月29日，梅耶和古特里举行了婚礼。对于梅耶来说，除了岳父社会地位带来的好处外，他的妻子从娘家带来了约两千四百古尔登的嫁妆，这对于商人梅耶来说，显得特别重要。

当时的欧洲上层社会，婚姻完全服从于政治和利益的需要，就像威廉王子和他的父亲一样，这种结合为双方家族所带来的巨大好处不言而喻。梅耶与古特里的婚姻，一个很重大的意义在于为罗斯柴尔德家族奠定了高贵的血统基础，这与他成为王宫代理人、得到王室的庇护有同样重要的作用。

1771年初，他们的大女儿出生了。1773年、1774年和1775年他们又生了三个男孩儿，名字分别叫作阿姆斯洛、所罗门和内森。家庭的美满给梅耶的生意也带来了好运，他的钱币兑换生意不断扩大，除了在一些落魄贵族的手里购买了一些钱币收藏品之外，他还发行了一套自己编著的古钱币目录。当时，除了威廉王子之外，歌德的资助人——魏玛的卡尔·奥古斯特公爵和帕拉提纳特的卡尔·希尔多尔公爵都成了他的客户。

梅耶·罗斯柴尔德做事向来是非常有原则和计划的，今天我们从他精心绘制的目录中，可以看到他如何为不断增加的贵族客户提供服务。到18世纪80年代，梅耶已经不再限于他单纯的买卖，为了赢得贵族客户的欢心，他出售的商品不仅包括钱币、古董，还有另一部分收藏者喜欢的物品。

他善于观察客户的需求和喜好，往往会将这些东西与自己收藏的钱币陈列在一起，比如雕像、奇石，以及诸如此类的东西。后来，在人们发现的梅耶当时所收录的商品目录中，梅耶所拥有的物品总价已经远远超出了他当初所拥有的物品价格，大约在两千五百至五千古尔登之间，梅耶此时已经完全进入了富有阶层，而且他的财富还在不断增长之中。

政客与商人毕竟还是存在着很大的区别。对于当时的欧洲君主来说，他们手中最值钱的"货物"就是他们的军队——把军队雇佣给正在打仗的国家，然后从中赚取大量的佣金，在君主的眼中这是一笔极为划算的生意。

威廉王子的爷爷正是这么做的，他的父亲也是这么做的，并且都从中赚了大钱，他也很希望将这份家族"事业"继续下去。当时，黑塞最大的主顾是英格兰。1776年，一支刚刚组建的军队被威廉王子送到了那里，在扣除了伤亡士兵的补偿金后，这次交易让威廉王子赚了大约三百五十万马克。

这笔钱对于威廉来说并不着急用，他想把它们整理一下。这样，他就需要在法兰克福找一位经纪人，来帮忙整理从英格兰邮寄来的汇总账单。

机遇又一次来到梅耶的面前。在此之前，他曾一直在法兰克福帮助威廉王子进行货币兑换，但那些都是不起眼的小打小闹的生意，威廉并没有用他真正地去打理大账。梅耶心里自然很清楚，如果能加入威廉王子经纪人的行列，那自己的生意必然会有一番新的景象。可是，当时梅耶和威廉王子的关系，还没有达到可以让威廉王子将这样的生意交给他的程度。

怎样才能让威廉王子进一步信任自己，让自己成为他的经纪人呢？

这一次，梅耶仍然决定从威廉王子的兴趣切入。

威廉王子不是喜欢做生意吗？这正中梅耶下怀。没有什么事比做本行更容易了。

可是理论虽是如此，但实行起来还是有不小难度的，横亘在其中还有一个最大的障碍，那就是梅耶的身份。虽然威廉王子对他很欣赏。不过，欣赏和能将生意托付给他是两回事儿，因为从很久以前，犹太人就始终被欧洲人所排斥，这已经成为一种心理定式。梅耶当然知道怎么办，只是他需要一个机会。

首先，他需要尽可能多地得到与威廉王子的行踪有关的消息，这些消息来源的渠道非威廉身边的仆人莫属了。梅耶对于这些王子手下的仆人从不吝啬，他总会很慷慨地送给他们许多礼物，当然他并没有白白地付出，王子的喜好与行踪梅耶总会得到"第一手材料"。比如，法兰克福每年春天的时候，都会有热闹非凡的集市，人们在这春光明媚的日子里纷纷走出家门来凑热闹，而且，世界各地最新、最好的商品都会被商人们带到集市上去展览，而喜欢热闹的威廉王子也是集市的常客。

每当威廉王子想要光顾集市的时候，王子的仆人就会立刻派人把这个消息通知梅耶。然后，梅耶就会将早已经准备好的一些稀有的硬币、宝石和古董，也带到集市上，献给威廉王子。

乍一看，这似乎是一个看不到回报的买卖，然而梅耶看到的是更长远的事情，他心里非常清楚，要想钓到大鱼，就一定要把线放长。

也是从这时的梅耶开始，罗斯柴尔德家族形成了一个非常特别的传统生意手段，那就是用心来选择一个或几个特定的人物，进行大量的投资，比如每当他们遇到了像威廉王子这样能给他们带来巨大潜在利益的人物，就会用大笔财产打通渠道与之交往，先建立交情，最终再获取利益。

可以说，这是梅耶进行商业公关的开始。

天有不测风云，正当与威廉王子的关系一天天地按着梅耶的计划发展的时候，威廉王子的父亲弗雷德里克二世在吃饭的时候突然中风倒地，几分钟后便去世了。这实在是出乎所有人的意料。

威廉王子在悲痛中继承了王位，从这个时候开始，他就不得不再一次离开汉诺郡，把自己的王宫搬到卡塞尔去。

弗雷德里克二世的逝世对于梅耶来说也是一件非常不幸的事情，因为威廉王子因此离开汉诺威，使得他好不容易刚刚与其建立起来的关系有了距离。但是梅耶并不想就这样放弃，他开始准备投入到下一项行动中去。

在梅耶看来，威廉王子向来特立独行、我行我素，平时总显得傲慢无礼、刚愎武断，不允许别人质疑他的权威，但对于那些能满足他兴趣的人，他又显得非常平和，没有任何架子。所以，梅耶投其所好。

1787年，梅耶挑选了自己一批价值不菲的纪念品，亲自来到卡塞尔拜会威廉王子——如今的兰德格雷夫国王，并特意以超低的价格把这些物品卖给了他。当然梅耶并不傻，他有着自己更长远的打算，兰德格雷夫一定是一个值得投资的对象，自己对他是很有信心的。与此同时，在与梅耶的接触中占了极大便宜的他，这次对于做了这样一笔划算的买卖非常高兴。接下来他还表示希望能和梅耶多做几次这样的生意。

趁着兰德格雷夫这个贪婪的欲望还没有消磨的时候，梅耶也提出了自己的要求，那便是希望可以成为兰德格雷夫在英国财富的代理人之一。

此时，对于兰德格雷夫来说这已经完全不算什么大事情了，所以他很快便同意了梅耶的要求。于是，梅耶满怀期望地又重新回到了法兰克福。他以为兰德格雷夫一定会对自己委以重任了，可是梅耶等啊等啊，一晃两年过去了，卡塞尔那里却一点信息都没有。

这其实也并不奇怪，此时已经身为一国国君的兰德格雷夫哪里还像以前当王子时那样有那么多的精力和心思来想那个和自己做亏本生意的犹太人呢？或者说，他几乎都快忘了自己曾答应过梅耶的事情了，只顾着把一些生意交给身边的代理人。这一切，让梅耶着实着急了好一段时间。

不能再等待下去了，梅耶决定再走出一步。到了1789年夏季的一天，梅耶认认真真地给兰德格雷夫写了一封非常诚恳的信件。

在这封信里，梅耶情真意切地向兰德格雷夫表明了自己的理想，以及他长年为黑塞－汉诺王宫所做出的贡献，并且在商界取得了非常好的诚信。他希望兰德格雷夫可以明白，通过梅耶这些年来所积淀起来的信用，梅耶完全可以——而且应该得到和其他的代理人同样的机会。当然了，梅耶是非常精明的犹太人，他并没有忘记换位思考——同时对兰德格雷夫保证，如果他来代理王室的生意，自己在中间赚取的利润绝对会是一个很公平的标准，国王会得到很切实的回报的。

这封信让兰德格雷夫重新回想起了当年那个和自己做生意的犹太人，而现在写这封信时的他，看得出来，已经在商界摸爬滚打很多年了，再也不是当年那个仅仅出售点硬币之类赚点小钱的小贩了。这个梅耶，完全凭借着自己的头脑和实力聚集起了相当的财富，看来，他确实已经做好了大干一场的准备。兰德格雷夫似乎已经听到了信那头传来跃跃欲试的"磨刀霍霍"的声音。

但国王是非常谨慎的一个人，他也明白仅仅凭借着一封书信并不能决定任何事情，他需要更清楚地知道如今的梅耶究竟是怎样的一个人了。于是，兰德格雷夫便派卡尔·弗雷德里克·布德鲁斯去摸摸他的底细，看看到底是怎样的情况。

这位布德鲁斯是王宫中非常有权势的财政部官员，说话非常有影响力。他的出身算来也可以说是很平凡的：父亲是一位中学校长，曾在王宫中教导一些皇室的孩子音乐和写作。俗话说自古英雄出少年，布德鲁斯从小就在计算方面有着惊人的天赋，聪明异常，更难得的是他并不因为聪明而得意忘形，恰恰相反，他有着非常严谨的性格，做事低调。

自打小孩子时代开始，布德鲁斯因为父亲的缘故，也成了皇宫的常客，有一次他路过王室的牛奶厂，突然一个利用牛奶赚得利润的奇妙想法进入了他的脑子里。回家之后他就把想法说给了父亲听。父亲想了想，觉得非常好，于是，他又把这个方法说给国王听，国王也觉得可以试一试。最终，布德鲁斯用一百二十泰勒（德国15世纪至19世纪的银币）本金为国王赚取了一笔不小的收入。

对于小小年纪便显出这样理财天赋的人，国王自然是欣赏有加的。当布德鲁斯渐渐长大后，兰德格雷夫便把他请到了自己的王宫中来，成了自己的皇室"管家"。布德鲁斯这时已经深得国王的信任，看管着国王自己的个人账户。

而现在，他又接受了一项新的任务——去摸摸梅耶的真正实力。在他到法兰克福进行实地考察之后，见到梅耶的生意方式，不由得对其产生了钦佩之情。

其实，18世纪90年代以后的梅耶，他的财富的增长速度使他的生意与之前相比，实现了飞跃性的突破。在18世纪90年代初，梅耶已经不再仅仅是一个靠做些硬币和古董交换生意发家的商人了。

到了1797年的时候，他甚至已是法兰克福最富有的犹太人之一。

梅耶是很有抱负的犹太人，不满足于小打小闹地做生意的他，看到了英格兰银行在社会中产生的影响，他觉得这是非常有发展前景的一个领域，所以，梅耶此时生意的核心部分已经彻底地转为银行业。据记载，1795年，官方记录的梅耶财产税达到了四千古尔登；而短短一年后，他的缴税额达到了十五万古尔登。由此，成为犹太街第十大富豪。

看到梅耶如今奇迹一般的成就，回来之后的布德鲁斯对兰德格雷夫报告说："梅耶·阿姆斯洛·罗斯柴尔德付款准时，是一个有能力和诚实守信的人，值得授予信用贷款。"

听了布德鲁斯的一番话，兰德格雷夫一颗犹疑不定的心也放了下来。不久之后，梅耶就成了皇家一笔小面额的信贷交易的代理人，当然，这和其他代理人的交易数额有着悬殊的差别，但这对于梅耶来说已经是迈出很好的一步了。罗马不是一日建成的，现在，他需要的只是时间。

梅耶继续发挥着他善于追寻贵人行迹的特点，所以总会成为布德鲁斯到法兰克福后第一个见到的人，而他的诚实和守信也给布德鲁斯留下了很好的印象，两人之间的关系逐渐熟络起来。再加上梅耶的岳父斯切纳波尔塔和布德鲁斯成了生意上的伙伴，种种的便利使得梅耶风生水起，日后如果有好的机会，布德鲁斯几乎都将梅耶推荐给兰德格雷夫。

梅耶盼望了多年的一个绝佳的机会到了：国王兰德格雷夫在英格兰的资本已经达到了一个相当庞大的数量，他希望将其中的一部分转移到卡塞尔。这是一项重要的工作，谨慎的他打算把这宗交易给老牌的基督教银行西蒙·莫里兹·凡·贝特曼等四家公司。

布德鲁斯在国王的这一次决定中发挥了一个独特的作用：他建议将梅耶的名字也加在这笔交易的名单中。但是，兰德格雷夫对他选定的四家公司是非常信赖的，觉得让他们来打理已经足够，并不希望有他人再来参与其中。

此时已经非常欣赏梅耶的布德鲁斯并没有因此而放弃，他也清楚这是梅耶向兰德格雷夫展示自己的难得机会。他仍旧不时地在国王面前晓之以理动之以情，为梅耶争取，最终这个建议获得了兰德格雷夫的同意，这一来，梅耶的名字出人意料地被加入了名单之中。

靠着梅耶不停地变换着生意角色的不懈努力，1800年的罗斯柴尔德家族已经一跃成为犹太街十一大富豪家族的一员。

梅耶的财富增长迅速，1795年，她的女儿嫁给贝内迪克特·摩西·沃尔姆，梅耶豪爽地给女儿五千古尔登做嫁妆。1796年，大儿子结婚时，梅耶送给儿子的是家族生意的一份股权，价值三万古尔登。

3. 国王的高利贷生意

就在梅耶的生意蒸蒸日上发展的同时，他的儿子们也一天天地成长着，梅耶特意聘请了一位教授语言知识的家庭教师，因为罗斯柴尔德家族的人全都没有经受过很好的教育，除了希伯来语，他们只会说和写一种不入流的法兰克福当地德语，这是他们与上流社会交流的最大障碍。从这时起，罗斯柴尔德家族的人开始使用正规的书信格式，这甚至促进了家族生意的发展。

梅耶开始放手让他们也试着打理起家族的财产。也许是受父亲的影响，也许是基因中已经融入了一种经营意识，梅耶的两个最大的儿子从孩童时代起就一直热心地从事生意，而他们的父亲也遵从犹太人古老的法则，很早就让他们接触生意，并亲力亲为。

对很多家庭来说，人口众多，意味着庞大的压力和烦扰。然而对于梅耶来说，子女的众多却是上帝对他的眷顾，后来他的五个儿子成了历史上著名的罗斯柴尔德家族的"五虎将"。一方面，梅耶生意的扩大需要得到亲人的参与帮助，所以会有大量的工作提供给每个人。这使得梅耶不必找陌生人来插手他的生意，成年的儿子们逐渐地学习生意经，来做他的得力助手以及后来的家族事业继承人。另一方面，梅耶和其他许多犹太人一样，有着非常强烈的家族意识，所以本身也不愿意外人深入干预自己家族的事业。

不过，也多亏了这种家族意识造就了罗斯柴尔德家族后来的辉煌，当然了这是后话。

在梅耶的儿子们身心都快速成长着的时候，整个欧洲也在酝酿着一场轰轰烈烈的革命。弗里德里希·冯·根茨在自己的《罗斯柴尔德家族的自传注释》一书中，提出这样一个观点："最杰出的个人有时也许需要独一无二的环境以及世界级的事件来获得成功。"这个观点由来已久，并被不断印证着，罗斯柴尔德家族也是如此。

在这个时代里暴发的法国大革命，和课本上所讲述的其实并不尽相同：它的导火索不是出于政治，在更大的程度上是出于经济原因。当时由于法王路易十六挥霍无度，想提高赋税，激怒了商人和工人、农民组成的第三等级，导致了大革命的爆发。

这一次革命对整个欧洲经济也产生了巨大的影响，那便是银行家作为新兴资产阶级中的精英，地位急剧上升。法国国王路易十六的下场让贵族们一时间不敢横征暴敛，然而江山易改本性难移，他们过惯了奢华的生活，所以挥霍无度的习惯一时仍然难以改变。

对于这些曾经的贵族来说，生活上所需要的支出还是那么多，可是进项却少了。为了添补金钱的短缺，他们迫于无奈，只好自己到市场上融资。这些贵族们并没有精明的商业头脑，他们的办法只限于以土地、税收、珠宝或祖传城堡为抵押，向银行借贷。除此之外，因为手中握有权力，所以大搞权钱交易。

具体操作模式其实很简单：银行家以优惠的条件借钱给王公贵族，贵族们则为银行家提供经济特权或政治权力。说得简单一点，就是各取所需。

梅耶的老朋友——国王兰德格雷夫几乎算得上是一个贪得无厌的高利贷者，当时的他拥有五千万塔勒的私产，其中竟有两千八百八十万是作为高利贷放出去的。他是欧洲半数以上的国王、王公和贵族的债主。他把黑森当成了一家私人银行，进行投资，获取回报。

兰德格雷夫本人也逐渐成为整个世界的银行家，不仅把他的钱借贷给君王和贵族们，而且也借给小商店经营者和犹太人，甚至借给手工艺人，从而得到很好的利润。

梅耶帮助兰德格雷夫做高利贷生意，国王的债务被精确地登记在账簿里，形成数量庞大的卷册。就像今天的贷款需要有房屋或其他财产抵押一样，当时如果一个银行家想要从他那里借钱，他必须向兰德格雷夫提供政府担保。国王的大量财富实际上由现金、珠宝、艺术珍品和钱币构成。

经济上出现的这种新局面也为欧洲的政局带来了微妙的变化。1795年，奥地利皇帝弗朗西斯疏远了兰德格雷夫。不过，很快，双方便因为利益重新走到一起。

后来，为了保护自己的资产和获取更大的利益，兰德格雷夫对欧洲的战争保持着观察者的态势。这证明，国王对财富的热情已经超越了一切其他事物。

然而有产者毕竟与无产者对于革命的感受有着很大的差别。18世纪末期的法国大革命，废除了贵族制度，并取消了教会的特权，这使得大量的法国贵族逃到了德国，其中有很多人来到了兰德格雷夫的皇宫。这段时间，兰德格雷夫几乎在所有的场合都会听到那些逃亡贵族们所讲述的那些刚刚发生不久的悲惨故事：谁谁谁的亲人在断头台上失去了生命，谁谁谁昔日风光无限今天却无家可归、流亡他乡，甚至变得贫困潦倒。

这一切耳闻目睹的现实，都让兰德格雷夫为他的王位和他这些年费心积攒起来的巨额财富感到了深深的担忧。和他一样，法国大革命所宣扬的平等原则让所有的欧洲封建君主们陷入了恐慌。

反法同盟的诞生，让兰德格雷夫欢欣鼓舞，因为在它的保护下，自己的财产和安全无疑得到了一种保障。兰德格雷夫作为一国之主，他当然渴望在获得领土方面得到支持，皇帝则由于与法兰西长期的战争而可怜地处于资金短缺之中。因此，兰德格雷夫表示自己可以助其一臂之力。很快，他便给在奥地利刚刚即位的堂兄弗朗西斯写了一封信，在信中，兰德格雷夫称弗朗西斯为"最杰出、最荣耀的堂兄"，并且答应为他的军队提供帮助。

听到这样的消息弗朗西斯二世自然是高兴异常，皇帝在给他的回信中说自己非常欣赏兰德格雷夫已经做出的努力，很感激兰德格雷夫对他需要贷款的同情和帮助。

然而，反法联盟大大低估了法国革命党的实力，兰德格雷夫的帮助也没有在盟军失利的情况下扭转乾坤。又加上反法联盟内部的高层领导不力、缺乏团结，很快盟军便在战争中节节败退，溃不成军。普鲁士和黑塞甚至被迫撤退。

1792年，法军的一小股军队乘胜追击并渡过了莱茵河，但是被兰德格雷夫顽强地驱逐出了法兰克福。1795年，普鲁士退出了抵抗法兰西共和国的战争。

看到普鲁士做出这一动作，兰德格雷夫紧接着也跟着退出。然而与他们不同的是，英格兰和奥地利是战争的绝对拥护者，无论普鲁士和黑塞的态度如何，它们都决定将战争进行到底。兰德格雷夫的临阵退缩也使他和堂兄弗朗西斯的关系产生了裂痕。

不过，由于利益的需要，兰德格雷夫和弗朗西斯两个人很快就和好如初了。弗朗西斯依旧是兰德格雷夫尊敬的堂兄，弗朗西斯也忘记了堂弟在战争中随意变卦的行为。原因是他们都需要对方的帮助，兰德格雷夫需要弗朗西斯的能力来保护他的权益，而弗朗西斯则由于与法兰西长期的战争又一次陷入资金短缺之中。

现在，又到了梅耶登场的时候了。与以往不同的是，这时他的几个儿子都已经长大成人，梅耶一直注意培养他们生意上的种种能力，非但如此，连语言都在学习的范畴之内，梅耶特意为儿子们聘请了一位教授语言知识的家庭教师，在等级观念非常重的环境里，交流是一件非常重要的事情。接下来要跟随着梅耶登场的，是他的第三个儿子——内森，帮助梅耶游走在国际贸易与走私之间的人。

4. 游走在国际贸易与走私之间

1796年6月，奥地利军队溃败，法兰克福沦陷以后，遭到了法国军队的疯狂劫掠，犹太区的大部分房屋被付之一炬，情况危险。

事物总是有两面性的。正如中国的老子所说的那句话，祸兮福之所倚，福兮祸之所伏。在法国军队的轰炸下，犹太街遭到破坏，却正好迫使法兰克福议会放松了对犹太人的居住限制，梅耶的家是街道中建筑结构最好的房屋之一，没有太多的损毁。因为重建的需要，法兰克福取消了对于犹太人的"保护"，他们可以在那些曾经禁止的地方居住和经商，同意两千个左右无家可归的人居住在犹太街以外的地方。正是由于这种管制的放松，使得梅耶能够在斯克诺尔街租用货仓。从这个角度来看，这一场战争对犹太人仿佛是利大于弊，他们由此获得了一部分解放。

战争，对银行家遍地是机会。在此期间，梅耶找到了两个合适的长期合伙人——来沃尔夫·勒贝·肖特及贝尔·内姆·林德斯科普夫，并拿下了一份大合同：当奥地利军队在莱茵-缅因地区开展行动时，梅耶的公司为军队提供粮食和现金。

时势造英雄。这要回到我们一开始所提到的，法国革命和第一次工业革命也为梅耶共同带来了无与伦比的绝佳契机。

在18世纪晚期，英国工业革命带来的纺织业飞速发展，这是其他行业都无法企及的。尤其是在英格兰开夏，那里的棉花抽纱、纺织以及染色工艺都在急速地机械化。这也标志着英国的经济生活即将发生空前、彻底的革命性变革。

尽管，此时的工业化尚且局限在某一区域内，但在不久的将来，人们就会发现它的传播速度之快，它从英格兰出发，到达了非洲、北美、印度。最终，成为覆盖全世界的变革。

这些现代化工厂生产的产品价廉物美，梅耶又一次嗅到这个独一无二、利润巨丰的商机。

战争中人们大量的物资需求也让梅耶发现了一条商机——来自英国的纺织品。

梅耶也想派一个信任的人去英国，谁是最合适的人选呢？他把目光锁定在了第三个儿子——内森的身上。

1798年，梅耶的第三个儿子内森带着两万英镑横跨海峡，来到了英国的曼彻斯特。

内森从法兰克福出发的时间分别有1797年、1798年和1800年三种说法，虽然没有定论，但至少梅耶从1797年开始便与英国伦敦的公司有生意来往，却是可以确定的事实，虽然当时业务规模相对较小。

到了1800年2月,梅耶已经和英国方面建立了比较牢固的生意往来关系。

内森在商业领域是一个难得的天才,他知道怎么赚钱,当然也知道如何塑造自己的个人形象,从种种情况来看,内森很可能为了塑造个人形象而把当初来到英格兰的经过浪漫化了。这样做的目的是,在别人眼里自己是一个值得合作的人。

还有一种设想就是,内森离开法兰克福的原因是得到父亲的授意,因为在法兰克福,犹太人受到的限制太严格,为了躲避,也为了开拓事业,他在父亲的授意下来到英格兰。第一,观察当地犹太人的生活状况。第二,寻找做生意的机会。

当内森来到伦敦的时候,他发现在这个国度,虽然也有对犹太人的限制,但是很明显,限制要小得多。18世纪,很多知名犹太人纷纷迁居此地,如莫卡塔家族以及东欧系犹太人家族,其中包括商人莱维·巴伦特·科恩,他父亲是阿姆斯特丹一个非常成功的亚麻布交易商。因为英国对犹太人限制并不多,18世纪90年代晚期,本杰明以及亚伯拉罕·戈德斯米德已经开始充当动态金融角色,这也是内森后来取得成功的领域。

无论如何,我们今天完全可以说内森是罗斯柴尔德家族的第一个分支,他成为继梅耶之后家族第二代生意的开拓者,凭借着自己极度敏感的商业嗅觉,为梅耶开创的家族事业又向前推进了一大步。

现在我们继续来谈他在英国的生意情况。在当时的英国，布匹原材料、染色以及制造是纺织业盈利的三个环节，但是不便的是，这三个行业都是独立的：染色商买下原材料，制造商再从染色商手中买下染好色的布料。因为环节多，所以利润也被压制在一个相对较小的范围内。从来没有人想到要把这三个行业的生意整合在一起。即使有人或许想到过，也不具备那样的经济实力。

而极具商业天赋的内森一下就想到了在其中赚大钱的诀窍——把三个环节的利润都控制在自己的手中。

内森在经营中发现，离英国越近，货物价格越低廉。他一抵达曼彻斯特，就充分利用了带来的所有的钱。内森自己买原材料，亲自为他们染色，然后再把他们送交出去进行进一步的加工制造。他对生产商说："我给你提供原材料和染料，你给我提供制成品。"这样一来，三个环节的盈利他全得到了，而不仅仅是买卖制成品这一个盈利点，他同时也能够以比其他任何人都便宜的价格卖货物。在很短的时间里，内森带去的两万英镑就变成了六万。而充裕的资金也保证内森可以用超低的价格买进原材料，当时商人们购买布匹一般都是在两个月、三个月甚至六个月之后才付款，以现金付款则会得到百分之十五至百分之二十的优惠。这就形成了一种良性循环，内森的生意越做越大。

自信的他在给自己的一位潜在客户的信中，这样写道："只要你跟我做过一单生意，你可能就会相信，我发送给你的货物比这个世界上的任何人给你的货物都要便宜。"

同时在他写给父亲的信中也提到，在曼彻斯特，罗斯柴尔德家族的货物价钱最低，是少数的以赚取微薄的利润来积累客源的商行，这在当时显然非常先进。

不久后，内森接收到父亲梅耶的指令。梅耶看了内森给他的信后，告诉他根据法兰克福市场的需求，要在英国市场上采购的布料种类和大致价格。内森迅速发出订单，供应商不仅包括曼彻斯特周边，甚至也包括了诺丁汉等英国偏僻地区。

就这样，内森很快购齐了父亲指定的产品。为了降低成本，内森尽可能以现金购买货物。

1800年11月，内森再次接到父亲的来信。在信上，父亲告诉他，从交际渠道得知，内森此次购买的货物虽然价格已经很低，但是在苏格兰，据说还有价格更低的产品。梅耶要求内森迅速从曼彻斯特出发，赶在法兰克福商人到达之前到达苏格兰，以便能在德国市场上抢占先机。

从这时开始，内森开始了自己的"探险"之旅。几年之间，他同欧洲几个主要国家——包括法国、荷兰等国许多供应商建立了商业往来关系。这其中，甚至还包括一家远在俄罗斯的制造商。

内森在英国的一切看上去非常顺利，其实很多的麻烦一直纠缠着他。在内森的纺织"链条"中，每次他都是先把订单下发给制造商，包括曼彻斯特、诺丁汉、利兹，甚至远至格拉斯哥的生产商，布料生产出来后由曼彻斯特或附近的染色、印花厂加工为成品。这本来是一个简单的过程，可是却有很多制造商无法按时发送货物，内森也为此受到了一些损失，不过总体上来说，赢利是远远大于亏损部分的。

最终内森到底在纺织业上获得了令人惊叹的成绩，并以此为基础开始多元化经营，最终成了一位大亨级的人物，并从一个商人成功地转型为一名银行家。1804年，出于商业方便的考虑，内森申请加入大英帝国国籍。以后的许多年，他定居伦敦。

短短几年以后，内森便在伦敦最繁华的地段建造了自己的豪华别墅，在莫斯利街25号拥有了一个巨大宽敞的仓库。

这一切看上去似乎是充满传奇、一帆风顺的。其实并不尽然，内森所经营的业务是属于季节性的，所以，他的业绩会随着不同的季节循环而起落。而且，更令人头疼的是，内森还需要应付断断续续的战争造成的影响，以及拿破仑时期贸易的各种制约。1805年，内森的一个商业伙伴损失惨重，他在给内森的信中感叹说："现在这个时刻，欧洲大陆以战争为重，每个国家的经济情况都很萧条，有时候我似乎看到，公司即将走进深渊。商品就堆积在我的眼前，却没有一个买主。"

据后来的统计，当时与这家公司情况相仿的公司还有很多。不久之后，内森就得知，有三家与内森有生意来往的公司，最终无奈倒闭。

拿破仑对英国与欧洲大陆贸易的各种限制都让内森的生意举步维艰，当时柏林还推出了一项新政策，禁止英国人从法国控制的区域进口货物。面对这时的环境，内森只有两种选择，一是停业，二是违反贸易禁令，当然这样做的话必然要承担很大的风险。

1806年5月，对于内森来说是一段艰辛的岁月，他的生意急转直下，整个社会都进入了一个经济灾难期。当时社会形势十分严峻，法国政府逮捕了内森在汉堡的代理人帕里什，最终，他只能以超低价格甩卖了自己的货物，这也让他蒙受了巨大损失。

对于倔强的内森来说，没有任何难关能阻挡他前进的脚步。为了应对如今的局面，只剩下了一条路：走私。内森仔细思考了手中的政府关系和面临的风险，最终决定冒险一试。

这时发生的一件事情让他的命运有了转机。当时他娶了汉娜为妻，她父亲是伦敦一个成功商人莱维·巴伦特·科恩。这桩婚姻除了让内森获得了妻子三千二百三十八英镑的嫁妆外，还从此获得了一个伦敦犹太社区中最杰出的合作伙伴。

1807年，内森获得了科恩的支持，并得到政府的默许，进行了大部分走私业务。科恩也鼓励女婿拓宽向欧洲大陆出口的货物范畴，不仅仅是出口英国纺织品，也要出口印度和波罗的海国家的产品。

1807年10月，内森成功地经过阿姆斯特丹向瑞典运送了一宗订单所需的咖啡。他是利用一艘在美国注册的货船以及伪造的德国文件完成这宗买卖的。

1808年，内森因为总能给商家提供别处无法寻找到的货物，成功地在英国为自己赢得了显赫的名声，并在英国站稳了脚跟，并逐步把生意做大。

第三章 对阵拿破仑

1. 国王出逃

1801年，拿破仑家族取得了吕纳维尔战争的胜利，这让法国获得了巨大的利益，当然，这其中主要包括大批的土地。而与此同时，英国也打败了西班牙，确立了自己的海上霸权。所以一时间拿破仑也不得不承认，自己即使占领了整个大陆，对于四面环海的英格兰，他依然束手无策。

但是一山不容二虎，英法之间是不可能和平共处的。果然，在接下来的十多年间，英法之间的战争此起彼伏，战火几乎蔓延到了欧洲大陆的每一个角落。受到战争局势的影响，无数的公司、银行和富商遭受了严重的损失。虽然这样，可有一些人却仍然在战争中发了大财，比如说梅耶。

当时的梅耶已经成了法兰克福非常富有的犹太人之一，只要是能够牟利的生意，他都会尝试着去做。加上他优秀的儿子们都在继续开发市场，这时的罗斯柴尔德家族已经不仅仅是货币和古玩方面的佼佼者，还包括红酒和纺织品。多元化经营使罗斯柴尔德家族快速积累了巨额的财富，而且梅耶从来没有浪费过一个和那些高高在上的王子和君主亲近的机会，有人说，他的关系网要比他的雇主兰德格雷夫更加广阔。

在法兰克福，梅耶始终与图恩和塔希思皇室家族保持着密切的来往。这是一个伟大的家族，是他们创建了邮政体系，并把整个欧洲都联系在了一起，这个家族现任的领导人是卡尔·安瑟姆，他的另一个身份是古罗马帝国的邮政局长，而且是古罗马帝国皇帝身边的红人。

通过和图恩和塔希思皇室家族的联系，梅耶有了向古罗马帝国皇帝写信的机会。在信中，梅耶描述了罗斯柴尔德家族在与法国的战争中向图恩和塔希思家族提供的服务，以及他在金融方面优良的品质，这一点和他打过交道的人都会为他证明。梅耶随后向皇帝陛下提出请求，授予他本人还有他的儿子们皇家贵族的头衔。如果此时能够成功，罗斯柴尔德家族就不但只是有钱的家族，而且在交际场中有了身份。

显然，梅耶所要得到的"帝国皇家代理人"头衔比之前已经得到的"皇宫代理人"响亮得多。梅耶内心中相当清楚，假如能得到这个身份，他的生意一定能引起一系列的连锁反应。为此，梅耶竭尽全力。在通往"帝国皇家代理人"的路上，兰德格雷夫依然是最重要的支持者。

此时，兰德格雷夫与普鲁士的友谊也动摇了，因为那个国家已经胜利并且获得了诸多土地，却置黑塞于不顾。

而另一面，法国与英国之间的战争还在无休无止地进行着。早在1803年5月，爱尔兰王国又一次对巴黎篡位者宣战。不久之后，兰德格雷夫就不得不在这个新世界中表明自己的态度和立场，可惜的是，这一次他站错了队，后来为此付出了巨大的代价。

1803年10月，法国人侵占了英国汉诺，拿破仑这个强大的军事天才搅乱了整个欧洲。兰德格雷夫惊慌失措地看着手底下的群臣，没有一个人能说出恰当的想法，每个人的心中都藏着自己的算盘。此时，他深感对梅耶的需要和依赖。一段时间以来，他召见罗斯柴尔德家族的频率大大增加。为了巩固关系和安慰他，最受兰德格雷夫喜欢的罗斯柴尔德家族的大儿子不得不在城堡中一住几个月。这件事，自然会引起别人的嫉妒和不满，梅耶不得不给兰德格雷夫写了这样的一封信，表达了自己的担忧，并告诉兰德格雷夫自己始终是最忠诚的人，将永远站在他的行列中。

在信中，他写道：

尊敬的陛下，我们相识已经有很多年时间，这些年来，您的宽厚仁慈让我印象深刻。

我现在就坐在书桌前，给您写信的目的是请您保护我的两个儿子。

我很幸运地，戴着皇家代理人的桂冠已经有三十余年。尊贵的殿下，我希望您能同意，通过一种适当的方式对我的儿子提供保护。最后，向您致以我最崇高的谢意。

我最最仁慈的王子和主教

您最最忠诚的仆人梅耶·阿姆斯洛·罗斯柴尔德敬上

卡塞尔，1805年4月21日

此时，梅耶在法兰克福的名声得到了大幅提升，因为所有的商人都看到了他和统治者之间的关系在取得进展。其中的一个例子就是：当有些店铺要在伯爵的广场进行拍卖时，犹太人，甚至是定居下来的犹太人都不能参加，而梅耶却是个例外。之所以这样是因为梅耶的声望会使这样的拍卖活动提高不少声誉。

另一位金融家拉瓦特兹和他的朋友们聊天时，经常宣称自己发现罗斯柴尔德家族的人十分机敏，并且很有经商头脑，值得充分信任。然而，他也警告自己的朋友，和梅耶打交道时要格外小心，因为他手中握有政府资源和金融资源。此后，法兰克福的商人们对罗斯柴尔德家族充满了怀疑的味道。这不是捕风捉影的。而这时的欧洲，俨然一副山雨欲来风满楼的态势，资本家都为自己财富的命运捏了一把汗。

1804年9月，拿破仑精神饱满地出现在埃克西-拉-查培勒和梅因茨。他在军事上的辉煌成就弥补了他身高的不足，使他看上去就像是一座无法跨越的高山。

对于兰德格雷夫来说，丝毫没有预料到的是，拿破仑现在竟然会邀请自己到梅因茨去，然而这个"邀请"似乎是来者不善，这个邀请其实是一个暗示性的命令，也就是说拿破仑的意图在于让兰德格雷夫主动来朝见他、向他致敬。

对于这一要求，兰德格雷夫自然是非常不情愿的，最后还是以自己中风为理由回绝了。同时他也偷偷地将他的触角伸向奥地利和英格兰，奥地利已经表现出要站到法国的对立面。拿破仑虽然表面上装作无所谓，依然表现得很客气，但是他心里却非常不满，认定兰德格雷夫将为没能立即拥护拿破仑保护下的联邦付出代价。

与此同时，奥地利皇帝弗朗西斯二世表明立场，决定和法国抗战到底。他之所以这样做，不光是为了保护自己世袭的领土，更是为了向古罗马皇帝陛下表示他的忠诚：能够"为了国王陛下的圣人的无尽福祉和最高皇室不断增长的荣誉"，向"最出色的强大的战无不胜的罗马皇帝和最高贵的君主"表示他最真诚和忠心的美好愿望。到了1805年，奥地利加入了反法联盟。

面对这种形势，拿破仑放弃了占领英伦三岛的想法，开始集中精力对付奥地利。

在如此强大的法国面前，奥地利招架得非常吃力。更严重的事情是，战争使奥地利迅速变得一贫如洗，因为奥地利财政部由于之前的战争而背负了沉重的包袱致使硬币稀缺，而纸币也贬值了。因此上层决定，按照之前的惯例，贷款的利率可以在欧洲的主要交易中使用硬币支付，但是在维也纳只能用纸币支付。由于财政上的这种捉襟见肘，因此弗朗西斯二世非常希望财富相对来说比较雄厚的兰德格雷夫能够助自己一臂之力。

但是对于兰德格雷夫自己来说，这却是一个非常艰难的选择，因为当时他已经借给了弗朗西斯皇帝一百五十万荷兰盾；同时，弗朗西斯皇帝曾请求对他这个状况实行一次特例，因为奥地利即将破产，听到这样的消息，谁会安心地把自己的金钱拱手借出去呢。

兰德格雷夫再一次在两个阵营之间摇摆不定，从身份的立场来说，他与奥地利有难以切断的联系，但是兰德格雷夫从来就没有想过要为自己的国王做出任何牺牲，他只想加入能够让他获利的一方。

一方面不想把自己所有的"倾囊相送"，另一方面还想在亲友面前顾全面子，于是，兰德格雷夫开始和双方讨价还价。很幸运，在与法国的谈判中，他不但保住了自己的土地，而且还得到了法兰克福。在如此诱人的利益面前，兰德格雷夫内心开始转而倾向于拿破仑。然而好景不长，不久之后发生的一件事，使得法国刚刚带给他的定心丸失效了。

事情是这样的，拿破仑认为如果兰德格雷夫一心与法国交好，就不应该再有其他的"国际行动"，并且要处处听从自己的安排。于是他告诉兰德格雷夫，让他将身边的英国人使送回英国。

但非常有主见的兰德格雷夫并不愿意这样做，因为他要在国人面前保全自己的尊严，而且也确实不愿意孤注一掷，倾向于法国并不等于他欣赏法国，之所以与拿破仑示好，只是缓兵之计，谁知道之后的局势又会出现怎样的风云变幻呢？于是，对于拿破仑之前的这个要求，他按兵不动，并且千方百计地拖延。

拿破仑一直在等着兰德格雷夫将英国大使遣送回国，可等了半天却毫无动静，最终他被激怒了。

兰德格雷夫也意识到了自己似乎闯了大祸。为了平息这位说一不二的统治者的怒火，兰德格雷夫只好照办。但在心中却对法国产生了隔阂，并开始试图倒向普鲁士。

但他的这些心思还是被拿破仑看破了，1806年7月14日，拿破仑闪电袭击了普鲁士的耶拿和奥尔斯铁特，并且下令占领卡塞尔和黑塞。在财政方面，拿破仑要求封存卡塞尔所有的财政和存款。

可见拿破仑是丝毫不容许别人在他面前摇摆不定、含糊其辞的。这一次，拿破仑决定对兰德格雷夫不再迁就，要把他彻底赶出黑塞。

兰德格雷夫现在也明白自己的处境，他知道逃跑的时候到了。可是他最放心不下的就是他多年来积攒的财富。当时他有着一笔价值不菲的财产，据说只在其中的一个箱子里，就有两千一百万泰勒，其中一千六百万是借到各地的贷款。由于时间紧迫，想要把所有的财产都带出这个国家是不可能的，这么做一定会引起拿破仑对他的注意。

于是他打算来一个暗度陈仓，化整为零地把这些财产一一转移。首先其中的一部分被运到了丹麦，另外，将自己最珍贵的财富都封存在他的三个城堡的城墙中，其中包括：里面装着银币的二十四个箱子，一百五十万荷兰盾的抵押贷款文件，还有罗斯柴尔德的公司债券。

此外，他把另外装满财宝的四十七个箱子秘密送到了萨巴伯格。伯爵原本打算将最后两笔财富沿着威瑟尔运到英国，但是他和船主因为五十泰勒运费没有谈拢，所以这两笔财富没有被送走。

到了1806年10月末，兰德格雷夫的城堡周围已经是四面楚歌了——他已经被敌人营地包围了。每到夜晚，四周营地的篝火都让他焦虑不已。

为了弥补自己错误的决定给现在的处境带来的麻烦，他不停地派使者去见法国的摩铁尔将军，希望摩铁尔将军可以为自己在拿破仑面前疏通一下，使自己重新得到向拿破仑效忠的机会。

可是，凡事有再一再二却没有再三再四，现在已经没有人能再容忍他这样墙头草两面倒的行径了。摩铁尔将军了解到兰德格雷夫是怎样一个狡猾的投机商，所以他没有任何兴趣听取使者的意见。兰德格雷大发现自己除了逃跑根本就没有第二条路可走。

1806年11月1日，兰德格雷夫逃到了达哥托尔城堡——他的一个兄弟那里，其实当他到那里之前，已经有很多来自德意志各州的王室都聚集在一起了。对于这些贵族来说，以前，他们的生活无忧无虑，可现在所有人的经济都变得十分拮据，那些舒适的奢靡生活早就一去不复返。甚至连布德鲁斯都不得不给伦敦写信求助，希望上帝能够给他一些财务上的帮助。

眨眼之间生活质量与处境发生了天壤之别，让兰德格雷夫痛悔不已，他知道眼下挽救的唯一办法大概就是向拿破仑表示臣服，除此以外别无他路。他知道拿破仑是一位颇有抱负的将军，这位强势的征服者并不只看重金钱，他更看重别人对他的崇敬。于是，碰了一鼻子灰的兰德格雷夫并不放弃，他要抓住最后一丝希望，继续派人将一封又一封的悔过信送到拿破仑的手中。

糟糕的是，兰德格雷夫仍然没有收到任何的回信。

布德鲁斯又一次发挥他的好管家作用了，现在，他一面催梅耶向维也纳的弗朗西斯皇帝收取利息，一面忙着替兰德格雷夫藏匿各种各样的财产。这一天，两个箱子被藏到了奥地利大使维森伯格家里，箱子里面装满了账本。本来，维森伯格并不想接受这样的委托，因为现在兰德格雷夫的尴尬处境几乎是人所共知，一旦被人知道自己"窝赃"，肯定会给自己带来一定的危险。这时恰巧他的一位朋友正好要去汉诺旅行，维森伯格便索性将这些财物委托给了这位朋友的管家。此时兰德格雷夫的金钱和财产，甚至包括马厩和宫廷的家具已经全被拿破仑下命令没收了。

不但如此，拿破仑在进入城市以后，还蛮横地强占了可怜的兰德格雷夫的城堡，把这里作为自己的临时寝宫。拿破仑很清楚兰德格雷夫的经济实力，他相信当那个可怜虫逃走时，一定留下了很多家业，而且就藏在这城堡的附近。于是，法国人开始在城堡周围展开了地毯式的搜查，想要找到兰德格雷夫没有带走的财产。

后来这些财产还是被法军发现了。可怜当初那位在和梅耶的生意上占了不少小便宜的王子聪明一世却糊涂一时。

除此之外，拿破仑还命令军队进行了一次大规模的劫掠——大炮、军械、家具、雕像等无一幸免。

随后，拿破仑发出通告，对当地的百姓宣布兰德格雷夫再也没有统治的权力，并明确地指示下属说，如果卡塞尔出现暴乱的征兆，那就不惜一切手段去平定，不用考虑过多。可见，拿破仑是对两面二刀的兰德格雷夫厌恶透顶了。

2. 法兰克福的暗战

在法兰克福也被法军占领之后，梅耶的处境也非常艰难。他自己公司的总部、他们的房子和所有财产全部都在法国人的控制之下。不过有一件事对梅耶来说算是不幸中的万幸，那便是拿破仑攻克法兰克福之后，达尔伯格被任命为莱茵联盟的首脑。这对于梅耶来说是一个相当不错的消息，因为他是自己的一个旧相识，鉴于以前一些生意上的往来，达尔伯格对梅耶的印象也很好。其实达尔伯格还有另外一个重要身份——一位天主教的大主教，但他与别人不同的是，在宗教问题上非常开明和宽容，这或许是那时让梅耶稍感慰藉的事情了。

但是达尔伯格并没有太大的实权，因为被占领后的法兰克福一切都听从于皇帝的命令。在战争中取得一定优势的拿破仑为了能给英格兰沉重的一击，颁布了一条封锁令——所有跟英格兰发生关系的商业活动都被禁止。如此一来，英国社会马上人心惶惶，因为英格兰的咖啡、白糖、香烟等日常生活品完全依靠大陆供给，所以禁令使这些物品的价格飞涨起来。

国家不幸商家幸，说的就是这些发国难财的精明人。拿破仑占领法兰克福后，并没有去追究梅耶作为兰德格雷夫亲信的过去。对于这个现象，有人分析说是因为其实在帮助兰德格雷夫保管财产的名单中，并没有梅耶的名字。有人认为，当时梅耶还没有取得兰德格雷夫的完全信任，也有人认为，梅耶特意让自己与兰德格雷夫保持一定的距离，只有这样才能避开法国人的监视，在背地里为兰德格雷夫继续服务，也保证了最大的利益。不管怎么说，梅耶确实因此避免了不少的麻烦。

但无论兰德格雷夫是怎么样做的，梅耶依旧还是对他保持着忠心耿耿的态度。只是他并不明目张胆地在公众面前宣扬，只秘密地对兰德格雷夫持着一颗忠诚的心。在这段时间里，布德鲁斯四处为兰德格雷夫收账，但常常并不是很顺利，毕竟兰德格雷夫已经失去了往日的风光，许多人便想趁机把原来的欠款拖成一笔死账。有一次，乌尔扎殿下的账可能要泡汤了，梅耶听说这个消息之后，立刻从中斡旋，两边同时开始做工作，并煞费苦心地帮助布德鲁斯和乌尔扎殿下约定了会面地点。

梅耶找了很多的人、动用了很多的力量，只为了能收回钱，他最终成功地请到了乌尔扎殿下的大儿子亲自参加了这次会谈，兰德格雷夫最终拿回了大笔欠款。

1807年3月8日布德鲁斯在给主人的信中不停地强调，这一给他们带来着实不小惊喜的成功完全是梅耶运用个人影响力与殿下的顾问和官员周旋才取得的。他又补充了罗斯柴尔德的影响力以及对事情的预判能力，最后说：法国人已经允诺如果他能完成转移拿破仑九千荷兰盾的命令，就提给他百分之二十到百分之二十五的好处费。

"高贵的伯爵，您是一个聪明人，我想我非常幸运地和您一样，都能清楚地知道目前谁是省下这笔钱的最佳人选。"布德鲁斯说。

兰德格雷夫当然明白信的意思，那是告诉自己在目前的情况下，梅耶必不可少。

这曾是一件使布德鲁斯头疼的追账工作，但由于梅耶的帮助，他竟然完成了一件自己曾以为是不可能做成的事，所以日后对梅耶更加推崇备至。

从这时起，梅耶就成为布德鲁斯最可靠的生意伙伴。

"法兰克福是我所有生意的最关键的部分。"布德鲁斯一度这样认为。

当时，围绕在兰德格雷夫身边的都是一些眼光长远的商人，这些人中有勒奈普、拉瓦特兹等，他们和梅耶一样，看中了虎落平阳的贵族身上可挖掘的利益。

不过，梅耶有他自己的优势，兰德格雷夫对他的欣赏远超旁人，所以，布德鲁斯不断地将兰德格雷夫的生意介绍给他。一段时期以来，除梅耶外，没人能和兰德格雷夫做生意。

后来，梅耶和布德鲁斯这一对黄金搭档合作得越来越愉快，生意越做越大，两个人的关系也超越了纯粹的生意伙伴的关系，而更多地变成了互相信任、彼此扶持的朋友。

当然，在当时的政治环境下，化名是难以避免的，比如梅耶就曾用"委托人"或者"赫尔·冯·哥德斯坦"，在英格兰的股票就叫作"票鱼"。在这些信中，梅耶有时被称为"阿诺迪"。

1806年12月5日，梅耶给兰德格雷夫写信。他依然对兰德格雷夫保持了像以往一样的尊敬，丝毫没有因为他的遭遇而有什么讽刺挖苦。他想尽力去安慰俨然已经成了惊弓之鸟的兰德格雷夫，告诉他说，自己和达尔伯格曾有过一段交情，这一次达尔伯格成为法兰克福的长官对于他们来说是一件还不错的事情，他会帮助兰德格雷夫向拿破仑求情的。为了增加自己话语的安慰作用，梅耶把自己的人脉力量加以夸张，说自己通过达尔伯格的帮助，已经说服拿破仑，把拟向兰德格雷夫强收的资助战争捐款由一百万减到三十万泰勒。随后，他还说自己已经得到达尔伯格的许诺，在合适的机会把他介绍给所有的法国元帅和部长，所以以后有什么情况出现的时候，自己还是会有很大的人脉力量的。

当然，梅耶知道自己只是为了安慰兰德格雷夫，因为就目前局面来看，让他安心最好不过，可是自己必须保持一个清醒的头脑——这信里的话确实有一点夸大其词了。所以他在末尾不忘嘱咐兰德格雷夫一句，一定还要在拿破仑面前继续保持一种谦和的态度，毕竟拿破仑是丝毫不容他人对自己轻慢的。

法国统帅在率领法军攻克汉堡之后，离兰德格雷夫的避难所又近了一步，这让他如坐针毡，整日过得如热锅上的蚂蚁一样团团转。

他知道自己和拿破仑之前的芥蒂已经很深了，所以即便自己一次次谦和地向他示好，也无济于事。那么过些日子如果自己真的被法军抓住，肯定是凶多吉少了，更让他担心的是，怕自己费尽心思抢救出来的财产也会被法军掠夺一空。惊慌失措的他，一遍遍地嘱咐布德鲁斯尽可能带走所有值钱的东西和债券，然后找个好地方藏起来。虽然后来的事情证明兰德格雷夫只是虚惊一场，因为一度紧逼他的法国人停止了向汉堡方面的推进，威胁也渐渐地小了，兰德格雷夫这才放下心来，长长地松了一口气，重新打理起他的财产，并着手继续做放贷生意。

但是，兰德格雷夫高兴得太早了一些，拿破仑绝不会容许别人对自己的不恭或者小小的反抗。为了教训兰德格雷夫，拿破仑使用了一点小伎俩。入驻法兰克福的长官为兰德格雷夫借出的钱估价，只从中动了一些小手腕，就把他的财产估价成只有四百万泰勒，相当于一千六百万法郎，而实际上兰德格雷夫借出的钱要是这个数字的四倍。看到这种情形，兰德格雷夫以前的债务人借机把自己的债务尽力抵消掉。就这样，他的财产削减了大部分，这让兰德格雷夫大为懊恼。

1807年2月18日，黑塞的复兴运动失败，兰德格雷夫也失去了自己最后的希望，他先是搬到了兰德伯格，后来又到了斯切罗斯。此时心灰意冷的他不得不忍辱负重，向普鲁士国王写了一封情真意切的信，希望自己能够求得他的怜悯与庇护，信的内容如下：

尊敬的阁下，今天给您写信是我这一生中度过的最痛苦的时期。我现在就坐在书桌前，回想着我的家族的荣耀和我今天的悲惨遭遇，我目睹了我的祖先挣来的土地被占领，我的子民变成别人的子民，我深深地自责自己的无能，如此荣耀的家族却堕落至此，谁又能不伤心难过呢。我悲哀地向您阐述全部事实，我目前苟且偷生，生计维艰……

这些极其感人肺腑的文字让人读来确实颇为动容。兰德格雷夫实在是太希望能得到普鲁士国王的援助了。为了保险起见，他也给奥地利国王送去了一份。所以一时间两个国王都收到了一封称赞自己"这样有良心，在上帝和臣民面前都无愧"的让人哭笑不得的信。

可是江山易改，本性难移，到了这个时候的兰德格雷夫仍然没有改变其"墙头草"的性格：他一方面仍然对拿破仑抱有幻想，不停地派人以好言好语恳请拿破仑，希望与其和解。可是一方面却在与英格兰谈判怎么联合抵抗法国的问题。

可想而知拿破仑听说这件事以后对兰德格雷夫卑劣的人格已经到了无奈的地步了，对于这位昔日的王子殿下，拿破仑除了鄙视已经别无其他态度。

不久，更可悲的事情发生了。兰德格雷夫在英格兰的资本也被查封，他现在欲哭无泪，真正变成了孤家寡人。一直处在低谷状态的兰德格雷夫这一下更受打击，他开始变得焦躁不安，而且对曾经一度信赖的人也产生了动摇，疑心越来越重。有一次，受到驱逐而流浪的贵族维特根斯坦殿下，以普鲁士政府的名义造访兰德格雷夫，离开之后他这样形容道："跟他在一起，可是没法说的郁闷与不快。他没完没了地抱怨，脾气突然就爆发了，要忍受这些，我的耐心受到了极大的考验。"

一个来拜访兰德格雷夫的人都会发出这样的抱怨，可想而知他身边的人又是怎样生活的。布德鲁斯和梅耶也自然体会到了兰德格雷夫的这种反常。当时，梅耶正在帮兰德格雷夫征收英国人及丹麦人欠他的利息，这是他最后的一点资本了。兰德格雷夫心里抱着一丝安慰，毕竟自己还有这么一点资产。可想而知，在这种情况下，他是如何看重这些钱。正所谓甚爱必大费，多藏必厚亡。越是自己看重的东西，就越会引起心理波动。即便梅耶已经和自己合作了很多年，他仍然觉得梅耶也在想方设法算计自己的钱。他对梅耶所做出的一些安排鸡蛋里挑骨头，一直强调自己并不满意。最后他突然要求布德鲁斯不许将这笔钱经过梅耶之手，而要直接将钱转到伊特霍尔的储备库里。

这个决定实在是莫名其妙不说，而且这种安排确实是非常糟糕的。一时间布德鲁斯和梅耶都十分恼火。当时梅耶正在通过达尔伯格的运作来买回兰德格雷夫的那些钱币收藏。

接下来发生的事情让他的脾气更坏了。

事情是这样的，拿破仑在提尔斯特条约中许诺俄国沙皇分享统治权，但却窃取了反对普鲁士运动的果实。出于自身利益考虑，拿破仑破坏了承诺，把黑塞划分到新成立的维斯特法利亚王国。

一而再，再而三地受到驱逐，兰德格雷夫窝了一肚子的火，又感到面子上很挂不住。他的精神状态已经出现了极不稳定的症状，身边人甚至有时会觉得他变得陌生起来。每当布德鲁斯再跟他谈起梅耶如何优秀的时候，兰德格雷夫都会表现出一种不耐烦的情绪来，有时会神经质地责备起布德鲁斯，质问他为何如此器重梅耶，是不是因为他和梅耶之间有什么不可告人的秘密。过不一会儿，他又好像是从梦中刚醒过来一样，告诉布德鲁斯自己刚才的话实在莫名其妙，并请他不要介意。

这明显是过河拆桥后的无理取闹了，布德鲁斯立刻表现得很吃惊，他冷静之后不得不对兰德格雷夫动之以情晓之以理地强调，梅耶在生意中总是第一时间就能付款，尤其是伦敦的那次危险性极高的买卖，他用高明的障眼法遮掩法国人的耳目，做成生意，这些都足以说明自己对梅耶并不是抬爱，而是因为本该如此。布德鲁斯又举了一些例子来向兰德格雷夫说明梅耶的忠心。兰德格雷夫被驱逐之后，生活得相当惶恐，生怕不知道什么时候自己就将魂归他乡。几乎所有过去跟他有紧密联系的人也都刻意回避他。不过，梅耶却始终关心着他，不时会派儿子来看望他，有时自己也亲自表示。这让兰德格雷夫分外感激，所谓患难见真情，他暗下决心，将来一定和梅耶处理好关系。

后来人们说，这也证明了梅耶自己留了一手，他准备两本账，一本用来应付各种官僚权威和收税人，而另一本里面却写满了更为秘密和有利可图的交易。

由于布德鲁斯的帮助，兰德格雷夫终于渐渐打消了自己对于梅耶毫无理由的怀疑，而且甚至要比从前更信任他了。由于自己身边的代理人越来越少，兰德格雷夫索性任由他们去，最后让梅耶完全取代了他们的地位。

可以说，直到此时兰德格雷夫才真正将梅耶视作自己的心腹，而梅耶也充当起了秘密顾问的角色。

3. 财富保管员

在兰德格雷夫后来颠沛流离的这段日子里，他放贷的利息收入全部都由梅耶负责征收，他从中收取百分之四的保管费。聪明而干练的梅耶不负所望，仅在1808年夏季，他就替兰德格雷夫收入了二十几万荷兰盾——而且都是现金，这在当时绝对称得上是一笔巨额财富。当初由于法国的来袭使得自己一度陷入痛苦狂躁深渊的兰德格雷夫，竟然还对梅耶有着戒备，现在他自己看到能干的仆人这样的忠诚，想想当初的疑心也实在有些不近人情。

现在，兰德格雷夫对梅耶非常信任了。梅耶的不断努力终于看到了成果，那就是，兰德格雷夫周边别的银行家都渐渐地被排挤出去，梅耶完全代替了他们的位置。兰德格雷夫经过如此多的经历以后，对梅耶完全信任，不仅把自己的财务交给他打理，甚至生活中的事情也和他商量，梅耶·罗斯柴尔德成了兰德格雷夫私下的秘密顾问。

1808年7月28日，兰德格雷夫到达了卡尔斯巴德，他在那里等待拿破仑皇帝关于他最终的落脚地的命令。这一时间里，梅耶和他的儿子们在法兰克福做着他们自己的生意，把家族的金融业一天天做得红红火火——完全从商，不掺和政治。这时梅耶家族的所有成员都已经长大成人了，而且在梅耶的影响下，都有着金融业的天赋。

1808年8月底，奥地利皇帝弗朗西斯邀请兰德格雷夫去布拉格，正苦于没有一个稳定地方安身的兰德格雷夫自然是欣然前往。对于兰德格雷夫的到来，弗朗西斯异常高兴，这倒不是因为他欣赏这位落难的统治者，而是因为兰德格雷夫有他眼下所需要的财富——当时饱受战争摧残的奥地利的经济状况千疮百孔。在一封弗朗西斯写给好友的信中，他将奥地利的证券交易所比喻成了杂草丛，有很多人在进行着有预谋的破坏，可自己却不知道如何来挽救这一切。

现在兰德格雷夫无疑成了弗朗西斯黑暗中的救星，皇帝认为这个境遇只有钱才能搭救一切，而兰德格雷夫拥有的正是他需要的。

为了探清兰德格雷夫到底有多少财产，看他的实力是否真的与外界传说的一样，许多奥地利的密探从首都维也纳来到了布拉格。这些人当中有的是绅士贵族，有的则是政府的官员，他们这一行受弗朗西斯的指派，有一个共同的目的，那就是看看兰德格雷夫到底能不能为他们贷款，解除燃眉之急。

在他们明察暗访之后不久，弗朗西斯收到了密探送来的一份报告，报告中说，兰德格雷夫在他的账户里存了一大笔钱，这说明他确实还是有着雄厚的经济实力的，如果事情对他有利的话，那他很可能会提供贷款给奥地利政府。

政府官员们经过细致的调查之后，再次向弗朗西斯报告。报告中称兰德格雷夫已经悄悄地挽救了自己相当一大笔钱财，同时在英国还存有大笔金钱。如果奥地利当局想和他签署巨额贷款，那一定要投其所好，找到他感兴趣的地方，也就是兰德格雷夫的利益所在点。而最佳途径就是要找一个桥梁——即通过维也纳或布拉格那些可靠的交易所接触兰德格雷夫信赖的、能够把自己的金融事务放心交托的中间人。奥地利财政部通过先付给这位中间人佣金，让他与兰德格雷夫联系，以此来帮助自己达成这笔交易。欧·当涅尔伯爵还建议，中间人佣金的数额可以在百分之一到百分之三之间。因为只有让他得到利益，他才能够尽心尽力。

欧·当涅尔伯爵还向弗朗西斯透露，枢密院议长布德鲁斯发挥了至关重要的作用，他在交易中为罗斯柴尔德家族的公司提供了方便。虽然并不知道中间的细节，但是可以肯定地说，双方是利益同盟。

最终，欧·当涅尔伯爵提出的所有建议获得了高层的支持，他们同意将此事交给他，并同意向黑塞伯爵争取现金贷款。

欧·当涅尔当然知道，目前最重要的事，莫过于找到一位双方都信任的中间人。

无疑，现在所有的线索都有力地说明了梅耶是奥地利政府应当找的最佳人选，因为就像我们开始时所说的，在兰德格雷夫后来颠沛流离的这段日子里，他放贷的利息收入全部都由梅耶负责征收，当时多数贷款的利息都进入了梅耶的名下。

弗朗西斯同意了财政大臣欧·当涅尔伯爵的报告计划，并派人前去与梅耶和兰德格雷夫分别取得联系，商量相关事宜。

可惜事与愿违，作为皇帝的弗朗西斯想象着如何打通关节向兰德格雷夫借钱，结果兰德格雷夫事实上并不想让自己的财产冒这个风险，因为没人知道眼下处于困境的国家财政什么时候能还得起这笔钱。这就像是一个富人常常不愿意把口袋里的钞票借给穷亲戚一样。说是"为富不仁"似乎是过重了一点，这种心情弗朗西斯也能理解。

弗朗西斯只好另外寻找突破口，他找到梅耶，委婉地向他说明了自己的想法。梅耶并没有表态，因为他还想听一听兰德格雷夫的打算。

这一天，兰德格雷夫秘密地找来了布德鲁斯和梅耶，表现出一副为难的样子，告诉了他们自己并不愿意借钱给奥地利的弗朗西斯。布德鲁斯和梅耶坐在那里相视一笑，早已经对兰德格雷夫的态度心知肚明，这两个人同时向他保证，如果有一天双方达成了借贷协议，他们保证，为了双方能够长久合作，不会让兰德格雷夫在借贷的事情上受到损失，并且最终决定权全部掌握在兰德格雷夫一个人手上。

可是不久，战争再一次爆发，奥地利皇帝弗朗西斯忙于战争准备和军队训练。于是，和兰德格雷夫的这项谈判也因此被推迟了。

兰德格雷夫暂时松了一口气。

本来兰德格雷夫的打算就是先在奥地利的卡尔斯巴德暂时停留一下，然后再去波荷米亚。虽然他一直居无定所，但无论走到哪里，财产都随身携带，和自己几乎寸步不离。凡是梅耶认为可能用得着的文件，他也装在一个箱子里一路带着，而且非常隐秘。这一路的流亡也算有惊无险，有一次，在一个有法国士兵的地方，他们差一点就被发现而丢掉所有的财产。还有一回是因为他把东西藏在马车轮子里，但是，在集市的时候不小心包装破了，好在发现得早，马上这些东西就被转移到了另一辆车上，而且周围也没有人怀疑这些大包里都装着什么物品。

兰德格雷夫的行动自由被控制了。一方面因为他的身份，另一方面因为他秘密的财富。在布拉格，大街小巷里流传着各种各样的说法，当然，最多的是关于他隐秘的巨大财富的神话传说。

这些密探密切地注视着德国境内，尤其是普鲁士的风吹草动。也正是这个时候，德意志有一个秘密运动正在筹划中，其目的是为了求得自身的独立，摆脱国外的羁绊。这项运动实际上当时并没有取得什么实质性的进展。然而过了不久，在普鲁士国王和政府的驻地康尼斯伯格，一个名叫图根邦德的联盟成立了，这个联盟表面上是进行科学研究，但醉翁之意不在酒，其实质上从事的是政治活动，想要将德国从法国的控制下解脱出来。

图根邦德联盟的主要保护人是巴伦·冯·斯坦大臣，而一向低调的兰德格雷夫也在其中扮演了重要角色。现在再回过头来看，我们会发现其实联盟的成员范围十分广泛，不仅有贵族、官员，还包括犹太人，而罗斯柴尔德家族的人竟然也有参与者——梅耶成了中间的协调人，并向联盟提供资金。

在这段时间里，兰德格雷夫密切关注着德国境内的形势，他把回到自己领土的希望都寄托在了这个联盟的身上。所以对这项秘密活动表现得非常积极热心。

俗话说，没有不透风的墙，很快巴伦·冯·斯坦与兰德格雷夫之间的秘密信件被拿破仑的部下截获了。当它们被送到法国皇帝的手里时，从这些信件中，拿破仑得知了这场谋反活动的全部计划。

事情已经败露了，计划全部泡汤，于是巴伦·冯·斯坦只好逃跑。更糟糕的是所有在信中提到的商人全都被当局抓捕归案。在这些商人中，布德鲁斯的地位和身份是最突出的，他被带到了梅因茨，严加看守，法国当局对他进行了详细的审问。

虽然在外人看来，兰德格雷夫和梅耶的关系并没有布德鲁斯和他的近，但几乎所有的法兰克福的官员都知道梅耶与布德鲁斯之间不一般的关系，所以这一次事发，梅耶毫无疑问地也成了重点盘查的对象。

不过，吉人自有天相。就在调查将要启动时，梅耶得了一场重病，并接受了手术。梅耶担心这一次自己难以闯过难关，甚至立了遗嘱，另外，他也向儿子所罗门细细地嘱咐了许多，在休养期间，梅耶把工作交给了儿子所罗门，并告诫他，千万不要让法国人抓到任何把柄，一定要瞒过法国人的耳目。

聪明的所罗门把这件事办得非常得体，所以法国人没有在梅耶身上搜查出什么线索。

一份报告说："黑塞伯爵虽然已经失势了，但是他深远的政治影响力和传说中的巨大的财富却是不可估量的，他的儿子们在他那里得到了庇护，但是显然，他们想要的更多。不仅仅是金钱，还有权力和曾经的光辉的家族历史传承。为了达到目的，他们不得不求助于一个秘密组织。"

关于梅耶，奥地利警察说：

"家族的身影始终徘徊在这件事的背后，其中，所罗门·罗斯柴尔德出现得最为频繁，他们接受他们父亲的指令，作为战争付款人出现在选举年里。根据知情人所提供的信息，阿姆斯洛·罗斯柴尔德为了照顾伯爵的财政事务，从法兰克福搬到这里，而自此以后他就一直住在这里。"

今天我们来看这一份报告时或许会发笑，不过它确实也说出了一些事实。梅耶为兰德格雷夫尽心尽责地忙碌着，到了1809年的时候，这位兰德格雷夫伯爵通过战争贷款的利息或其他所得而不断积累的存在英国的钱，已经多到需要他们特别谨慎地监督。

罗斯柴尔德和布德鲁斯的愉快合作一天天地升级，甚至都有了协议的形式，比如有一份协议书将选务官员作为一名合伙人安排到

罗斯柴尔德的公司,这份极其重要的文件里这样写道:

今天,枢密院战争议长布德鲁斯·冯·卡尔绍森和法兰克福的梅耶·阿姆斯洛·罗斯柴尔德本着互相信任、友好的前提制定保密协议。协议包括内容如下:布德鲁斯已向梅耶·阿姆斯洛·罗斯柴尔德的银行交本金两万荷兰盾,罗斯柴尔德承诺将为他建立一个账户,储存这笔钱,并用金融手段让他升值。布德鲁斯则将运用政治手段为罗斯柴尔德提供政府支持。双方本着友好、真诚达成同盟,共同促进双方的利益。

从以上的秘密协议,我们能够看出,双方不仅仅为皇室效力,而且,也利用这种机会搞好关系,以便赚取更多的利益。

其实如果理性地说,梅耶在这些年里为兰德格雷夫也打理了不少琐碎的事务,这些事务中也有许多是没有利益关系的,但梅耶还是心甘情愿地去付出。在1809年时,兰德格雷夫安排他帮助穷得几乎叮当响的奥地利财政部将自己的一些资产——名义上的价值超过了一千万古尔登——转移给奥地利国王。但是梅耶提出了一项更正确的选择:管理他的英国投资。

梅耶的儿子内森在一次聚会中同其他人说:"黑森-卡塞尔国王通过中间人把六十万英镑交给了我父亲,随后我父亲把这笔钱寄给了我。另外,我还收到一批国王的酒和亚麻织品作为礼物。"而这一切的发生其实是有着特定时代社会背景的:法国人发动的战争给金融领域带来的重要影响便是大量资金从欧洲大陆流进了伦敦。

梅耶俨然成了兰德格雷夫的财富保管员。

在人们看来倒霉透顶的兰德格雷夫其实并没有狼狈至极，相反，他在无声无息中靠着梅耶的帮助很快发了国难财，在战争环境中赚得了大笔钱财。从他被拿破仑打败流亡开始，他秘密建立自己的金钱通道，主要的运作人就是罗斯柴尔德家族，在此期间，罗斯柴尔德家族帮助他投资了英国的价值六十三万五千四百英镑的国债，利润达到了每年两万零四百二十六英镑。此外，威尔士王储欠他大约二十万英镑。另外，作为英国王室的盟友，他在1807年至1810年，从英国王室领取了每年大约十万零一百五十英镑的补贴款。

更为关键的是，他该如何运用这些钱。早在1807年，也就是在内森从曼彻斯特移居到伦敦前，他接触到了兰德格雷夫在伦敦的特使洛伦茨，于是梅耶向他说了自己的想法，但是却遭到了兰德格雷夫明确的拒绝。直到两年后，在政治形势稍微好转以后，兰德格雷夫在布德鲁斯的帮助下，才允许梅耶帮他秘密代购百分之三的统一公债。从这时开始到1813年，罗斯柴尔德为兰德格雷夫一共代购了九次国债，数额达到了惊人的六十六万四千八百五十英镑。

帮助兰德格雷夫进行商业运作这件事对罗斯柴尔德家族来说至关重要，通过这些交易他们不仅积累了自己的政治能量，也从中赚取了可观的利润。令别人不解的是，只有百分之零点一二五的佣金，罗斯柴尔德家族是如何赚取那么多钱的？原来，兰德格雷夫实际上并不会为每次买卖立刻给人家提供所有的现金,是梅耶总是在积极地在购买公债,尽管是以兰德格雷夫的名义进行的,但资金大部分都是梅耶和他的儿子们借来的。这中间他们进行了双重投机:对公债价格以及对古尔登与英镑的兑换比率的投机。

4. 驰援威灵顿

虽然梅耶平时并不插手政治,但他却时刻关注着时局动态,眼看着奥地利与法国的矛盾变得越来越尖锐,就连百姓们几乎都看得出来,拿破仑皇帝从西班牙归来,弗朗西斯与拿破仑之间的一场大战已经迫在眉睫。

兰德格雷夫这个时候重新燃起复国的心思,于是他打算与弗朗西斯合作。

这一天他与部下们商议之后决定,向弗朗西斯提供一个由八千名官兵组成的军团,这个援助是在"陛下应该确保能够在自己的领土上复职"基础上的,目的显而易见。弗朗西斯对这项提议欣然接受,双方一拍即合。兰德格雷夫作为一个元首而被授予荣誉,一下子改变了长久以来门庭冷落的局面。非但如此,社会各界应邀纷纷访问他在布拉格的亲信,而此前他们一直都备受冷落。但是,正与之前兰德格雷夫一贯作为一样，这一次他仍然耍了滑头：兰德格雷夫并没有做到如他许诺的一样，而是只带了一半人数的军队。这个行为也让他有了六千荷兰盾的损失。

1809年4月，梅耶向卡塞尔的人民呼吁道："请让我松开你们的债券吧……奥地利的伟大君主保护着我，也保护着你们，我们要高声为奥地利人欢呼，他们是我们真正的朋友，正是因为这群人，我才与你们站在一起。"

不能不说梅耶的话是非常有影响力的，他的一番呼吁把黑塞人民动员得群情激昂，誓愿决定团结起来反抗法国的统治。人们纷纷开始对下一步的行动出谋划策，当时的一位地方官员提议封锁卡塞尔，并逮捕亚洛姆国王。

立刻，梅耶把这个计划上报给了兰德格雷夫，并认为这是一个不错的主意，希望他能在第一时间提供财政援助。吝啬的兰德格雷夫虽然嘴上答应，然而又一次将承诺打了折——只给了梅耶一张"空头支票"——会提供给他三万泰勒，但这些钱只能在起义成功的状况下才能使用。梅耶实在不知道该怎么说这位昔日的威廉王子了——即使是为自己谋取利益，兰德格雷夫依然是一毛不拔。

中国有一句古话说："兵马未动，粮草先行。"可想而知，黑塞人民没有财政支持的起义最终没有掀起什么大的风浪，而兰德格雷夫却不以为意，丝毫不在自己的身上找原因，只一味将失败归咎于起义准备不够充分，时机不够成熟。

起义失败在兰德格雷夫看来虽是不打紧，可是城门失火却难免殃及池鱼：失败造成的直接后果就是，兰德格雷夫在黑塞领土上的手下遭到了更严厉的管制。布德鲁斯和梅耶再次成了法国警方怀疑的对象。好在这一次又是有惊无险，不过，梅耶再也不能掉以轻心了，他开始变得小心翼翼起来。

这时梅耶想起了兰德格雷夫曾经放在自己这里的四个箱子，他甚至都不知道里面装了什么。万一警察来查这些箱子，一旦找出问题，显然对谁来说都不是一件愉快的事情。很快，他们把那些箱子交给一位自己当初在达姆斯塔特做生意时认识的犹太朋友——亚伯拉罕·梅亚。这些箱子被保管得很好，一直到兰德格雷夫回到自己的国家才物归原主。

拿破仑和弗朗西斯之间的战争正在如火如荼地进行着，站在不远的布拉格观望的兰德格雷夫一直焦急地等待着战争的结果。本来他与弗朗西斯合作，是为了自己得以趁机复国，看来自己当初把这一切想得太简单而天真了。如今一个越来越清晰的结果即将呈现出来，那就是弗朗西斯战败——现在拿破仑眼看就要攻打到这里了。

不过没有想到的是，事情竟然出现了转机：1810年1月，弗朗西斯和拿破仑在斯卓伯伦签署了和平协议，拿破仑回到了巴黎，兰德格雷夫因此得以继续留在布拉格。

就像我们前面提到过的，墙头草一样的兰德格雷夫并没有一个明确的立场，只要哪方对自己有利，他便投向哪方，是一个不折不扣的政治投机商。其实他一直以来都没有放弃和拿破仑和好的打算，因为现实很清楚地摆在面前，拿破仑无疑是当下世界上最有实力的君主，如果能得到拿破仑的宽恕和认可，那么自己就安全了，这也是他得以回到黑塞的最简单的办法。

所以，兰德格雷夫继续四处托人为自己向拿破仑求情。这时的克莱门特·梅特涅王子接任了奥地利外交部部长康特·施塔迪的工作。梅特涅刚刚上任时，收到了一封来自兰德格雷夫的信，在信中，兰德格雷夫放下自己的尊严，谦卑而诚恳地请求梅特涅，希望他可以帮助自己在拿破仑面前争取到一些机会，回到领地。

然而梅特涅并没有理睬，甚至在他和法军的谈判过程中，连兰德格雷夫的名字都没有提到过。

兰德格雷夫彻底失望了。

现在我们再回过头来看法兰克福，这里曾是欧洲大陆主要的商业和金融中心，虽然没有逃脱战争的劫难，然而它仍是一个充满活力的城市，在战争过后不久，重新焕发出勃勃生机，很快又变得富裕起来。奥地利大使胡戈尔在他的报告中这样形容日益繁华的法兰克福："自从我到这里以来，我还没有看见一个乞讨者。花园里的玫瑰从来不被碰触过，而且，无论历经任何困难，工商业人士和银行家都是模范的。事实上，他们的困难似乎成为他们更加努力的一种动力……最近的二十年间，没有任何破产的记录，通过这个城市的物品流量不可思议的巨大，富豪水准在法兰克福得到实现。"

这无疑为梅耶的生意带来一个优越的环境，他有了更大的空间可以施展，他的儿子们都已经在金融领域磨砺得更成熟了。为了将家族的生意做大，梅耶制定了一份清晰的家族内部章程，在其中详尽地规定他以及儿子们的股份。1810年9月27日，一个合伙契约在罗斯柴尔德家族成员之间产生了。

协议的主要内容是：梅耶把一笔数目可观的股份——总价值为八十万基尔德分成若干份，分给家族成员。梅耶三十七万基尔德，儿子阿姆斯洛和所罗门每人分得十八万五千万基尔德，卡尔和詹姆斯因为还没成年每人分得三万基尔德。与此同时，为了促进儿子们的成长，公司的名称也改为"梅耶·阿姆斯洛·罗斯柴尔德与儿子们"。

为了保证家族企业的纯粹性，出于保险起见，在协议中还规定"没有任何女儿或女婿有权看到公司的账本"，这就有效地防止了一些不必要的家庭纠纷。

梅耶一直以来都精心地为兰德格雷夫安排着与其他王室贵族的往来，而这并不是因为他有多么忠于主上，只是因为他更多地要通过这些关系为自己的家族谋利。

他曾经在兰德格雷夫的借贷者和丹麦之间充当中间人，在1810年12月的早期，他又提供四十万泰勒贷款给康特·斯金梅尔曼——丹麦的财政部长，但是与以往不同的是，这一笔贷款不是由兰德格雷夫预先垫付的，而是由梅耶和他的儿子们。

这是一次梅耶为自己从兰德格雷夫那里实现财务松绑的巧妙一步。

他仔细观察着总体的政治形势，以便可以第一时间做出正确的决定。其实这样一个混乱的年代，对于梅耶的生意来说或许反而不是坏事。只是在这种形势下，一个商人必须成为一个技艺高超的外交家，看清楚政治家所处的地位如何，无论对法国，或是对其他弱小国度，都不能有丝毫冒犯。虽然梅耶一度在为兰德格雷夫效力，但是只要拿破仑政权处于优势地位，罗斯柴尔德家族就必须扮演得好像对法国和拿破仑都怀有好感的样子。所以，他同时也借钱给法国和本地的官方当局。一面送面粉给朋友，一面也一样送给敌人，这样两面充当老好人的做法只是希望任何一方都不要对自己的生意产生制约。

1811年3月20日，对拿破仑来说是一个非常喜庆的日子，因为这一天他的皇后玛丽·露易丝为他生下一个儿子。他实在是太喜欢这个小孩子了，以至于当婴孩还在摇篮中时就被父亲册封为罗马国王的法国继承人，其浸礼会的场面无可比拟地辉煌和豪华。为了讨好拿破仑，几乎欧洲所有被法军占领的领土上的大人物们都成群成群地来参加庆典，利用这个机会表达他们对伟大帝王的拥戴。在法兰克福的达尔伯格也正有此意，可是他却由于囊中羞涩而难以成行。于是他向法兰克福的商会求助，希望自己可以从他们那里筹来八万基尔德，以便启程去巴黎。但是法兰克福的商人们并不乐意这样做。

就在这个时候，梅耶又一次出头了。虽然达尔伯格认为这样一大笔钱如果让一个人来垫付的话数目实在太大而没有向梅耶张口，可是梅耶猜到了达尔伯格的心思，于是主动找上门去，对达尔伯格说自己可以为他提供这笔钱，但是要收取百分之五的利息。

在梅耶的帮助下，现在达尔伯格终于可以去巴黎了。

放长线钓大鱼一贯是梅耶常用的方式，他的慷慨大方与兰德格雷夫以及其他吝啬的商人们形成了鲜明的对比。在达尔伯格这件事情上的聪明举动让他获得了达尔伯格的完全信任，在以后的生意上达尔伯格更是会时刻记得梅耶。这就像后来一个法国警察在报告中特地谈到罗斯柴尔德时所说："通过在这件事情中的会面，他成功地获得了达尔伯格的信任，此后达尔伯格极少拒绝他的任何要求。"

另一面，梅耶的老朋友布德鲁斯仍旧不时地在兰德格雷夫面前表扬梅耶，并且故意拿他和那些并不与自己交好的生意人做对比。

平时结交下的这些朋友让梅耶做起生意来有一个更广泛的人脉资源。

这是19世纪的开始。后来有人说，19世纪的欧洲实际上有六大强国，除了大英帝国、普鲁士（后来的德意志）、奥匈帝国、法兰西、俄国外，还有一个特别的，那就是罗斯柴尔德家族。因而罗斯柴尔德家族有了那个显赫的外号——"第六帝国"。这个霸气名字的得来要归功于早年梅耶注意信息情报收集的习惯，这一习惯也影响到了他的几个儿子。尤其是在拿破仑与威灵顿的战争中，由于梅耶的儿子内森第一时间拿到战况信息，使其一举成为英国政府最大的债权人，从而主导了英国日后的公债发行，英格兰银行被内森所控制。这也是历史上极为著名的一次商业投机。

所谓虎父无犬子。梅耶的五个儿子都继承了父亲的商业天赋，年纪轻轻便表现出不凡的成就。罗斯柴尔德家族银行的大本营在法兰克福，由老大阿姆斯洛打理；在奥地利的维也纳，老二所罗门建立了家族的另一分支银行；老四卡尔和老五詹姆斯，分别在意大利的那不勒斯和法国巴黎管理支行。而老三内森，更是所有兄弟中的佼佼者。1798年，父亲将他派到英国，他便开始了罗斯柴尔德家族的银行业务学习，天资聪颖的他很快熟悉了一切，并取得佳绩。这是一个金融天才，不过也有人认为，他是个心思缜密、城府极深的人。不论是事实还是误解，这都不妨碍他成为一个影响极大的银行寡头。

因为五兄弟的加入，罗斯柴尔德家族的神话得到了延续。很快，欧洲几乎所有国家都留下了罗斯柴尔德家族的脚印。

此时五兄弟正密切地注视着1815年的欧洲战况。1815年6月18日这个历史上特殊的日子，滑铁卢会战掀开了世界近代史的新篇章。号称不败的拿破仑军队被英国、普鲁士联军击溃，这位叱咤风云的政治人物也面临了人生的滑铁卢。

时至今日，当游客们驻足滑铁卢，总是会想起这段历史，并默念这场战役中无数响亮的名字：拿破仑、威灵顿将军、布吕歇尔等等。不过也有人说，这场战役的真正赢家，不是战役的任何一方，而是梅耶·罗斯柴尔德。

原来，罗斯柴尔德家族在欧洲的言行早已经被关注着。1811年3月，时年十九岁的詹姆斯前往巴黎，并在当地一所私人住宅中居住下来。拿破仑的财政部长马里昂马上知道消息，并得知詹姆斯此行的目的是打算接收并递送大量来自英国的现款。

1811年3月26日，这位部长给拿破仑写了一封信："罗斯柴尔德家族的一个成员将英国的现款从英国海岸带到敦刻尔克。来到巴黎后，他同银行家马列特、查尔斯·戴利尔和霍廷古尔接触，他们给他汇票让他在伦敦换成现金。他表示，他刚刚收到本月20日来自伦敦的信，根据英国的打算，为了检查出口的金银币，而将克朗（英国旧币制的二十五便士硬币）的价值从五先令提高到五点五先令，而按照金币的价值来看，就是从二十先令提高到三十先令……这种行为等同于和奥地利人或俄罗斯人交易。我衷心希望能够将这些情况告知这位法兰克福的罗斯柴尔德。"

从这封重要的信件中我们可以读出以下内容：首先，詹姆斯·罗斯柴尔德是在1811年3月24日之前到达了巴黎，并且未经法国政府允许。虽然内森主要是按照适应英国政府的十分明确的计划把金币送到法兰克福，但为了获得法国政府对这些操作的支持，詹姆斯假装向巴黎内政部表示，英国当局对出口现金表现出极大的不满，并千方百计地阻止这件事。兄弟二人一唱一和，就这样十分成功地哄骗过了马里昂，并通过他骗过了拿破仑的耳目。

其实，此前一段时间，当西班牙与法国发生战争的时候，内森就已经往法国派送大量现款。

此前的1809年，威灵顿曾给政府写信说："目前，战争进行得十分残酷，军队急需要资金……军队的薪酬已经被拖欠了一段时间，军队的士气正在逐渐低落。我觉得英国内阁简直对我们在这里的状况无动于衷……"他之后补充说，"假如，政府支付不起或者不愿意支付费用，那么，对于政府来说，最好的办法是放弃战事。"

这位将军自从在葡萄牙和西班牙的英国战争开战之后，就遭遇了巨大的财政缺失。这种拮据的情况持续了足足有两年的时间。威灵顿也不得不四处筹集军费，甚至求助于那些十分可疑的银行家和在马耳他、西西里岛和西班牙的贷款者。而这些贷款常常开出最高的贷款利率，一旦把交易的账单给他们，这些账单的兑付会使英国财政部损失惨重。

在那时的伦敦，内森正以自己的名义在社会上发起许多充满活力的运动来支持英国。由此他以非常低廉的成本获得了很大比例的由威灵顿所签的账单，进而英国财政部将它们再兑换成现金。他将现金以金币的形式运送到海峡对面的法国。正如前面提到的，再由詹姆斯负责接收，但是在1812年则是由卡尔或所罗门负责，然后再向巴黎的各个银行付款。

现金和贵重金属的供应在英格兰开始变得稀少。拿破仑对英国的封锁使得正常的商业变得困难，于是精明的内森将他的注意力转移在硬币和账单的兑换上。后来当东印度公司出售相当一笔金银时，嗅觉敏锐的内森是这个领域的第一个客户。另外，通过收到来自兰德格雷夫的投资资金和流通自己所有的价值很高的现金，他几乎一举获得了全部的黄金股份。回过头来，内森又把黄金卖给英国当局，从中获得高昂的利润。同时，他要求政府应该委托他把钱通过法国运给在西班牙的威灵顿，因为他在这之前已经以自己的利益为代价在有限的范围内力所能及地运了一些，他要求现在应该以英国政府的名义，运送更大金额的现金。

1812年4月6日巴黎政府部门收到情报，一大笔数量可观的金钱正在穿过海峡，从英国运往法国。在那时，内森将两万七千三百英国金币和两千零二盎司葡萄牙黄金放在六个独立的箱子中，通过六个不同的公司，发送给格拉弗林的詹姆斯。詹姆斯承认收到了这些款项，以及霍廷占尔公司、戴维勒公司以及莫勒尔和法贝尔公司的汇票，总金额达六万五千七百九十八英镑。

詹姆斯在信中提醒他的哥哥，让他尽可能早地获得任何一条有价值的商业信息。两兄弟对汇率变化的关注自然非常密切，当汇率上涨时停止购买，当它下跌时便大量买进。这为后来罗斯柴尔德家族在滑铁卢战役中成为最大的赢家打下了基础。

截获的信件使得马里昂尴尬不已，因为所有这些交易都是经过自己同意的。他给自己找借口说，英国由于正面临着极大的困难，汇率不利，而且黄金的流出也正在不断恶化，但与此同时法国的货币在世界却是价值最高的，所以不必过度担心。

就这样戏剧般地，在法国政府的监督和保护下，金币正通过法国本土，十分安全地缓缓流入拿破仑的头号敌人——威灵顿将军的口袋里。

拿破仑与威灵顿之间的大战一触即发。

为了取得商业上的成功，罗斯柴尔德家族很早便有意识地建立起战略情报收集系统，尽管在当时的欧洲有不少官方信息在发表战时消息，但无论从效率和信息准确度上来看，都远远不如罗斯柴尔德家族。所以，这已经是其他商业对手所无法比拟的，除了拱手认输，别无他法。

当时，罗斯柴尔德家族在欧洲所有大城市都建立了战略情报收集系统。系统从各个角落发出信息，使得可以在第一时间掌握欧洲商业、政治甚至军事情报。

曾有资料这样记载："在欧洲的公路上、海峡间、城市街道上，都有罗斯柴尔德银行的马车在奔驰，罗斯柴尔德银行的间谍们在欧洲无处不在，他们掌握着大量现金、债券和信件，他们总是能够获取最新的独家消息，股票市场和商品市场被他们所控制，但所有的消息都没有滑铁卢战役的结果更为宝贵。"

在战役之前，已经有很多人意识到，这将是一场改变欧洲大陆格局的重要战争。如果拿破仑不败，法国称霸欧洲的预言将成为现实，而如果拿破仑战败，主导欧洲的国家将变成英国。

1815年6月18日，在比利时布鲁塞尔近郊，滑铁卢战役打响了，其实这不仅仅是一次政治博弈，不仅仅是拿破仑和威灵顿两支大军之间的一场生死决斗，也是像罗斯柴尔德家族一样的成千上万投资者们的巨大赌博。这场赌博里人们都下了全部的赌注，赢家将获得空前的财富，输家将会血本无归。

在战役持续的整个过程中，被相同命运牵动的伦敦股票交易市场也十分紧张。战役的最终结果将直接决定金融市场的走向。如果拿破仑胜利，英国公债的价格将直线下滑，如果拿破仑败了，英国公债将实现历史的突破。

为了在金融市场获得利好消息，"孩子们"纷纷穿梭在欧洲各处，搜集着关于战争的所有情报。

就在拿破仑与威灵顿各率大军向滑铁卢开拔的时候，内森已经着手做了周密的布置。在战场周围的几个战略要点，比如奥斯唐、根特、布鲁塞尔及巴黎、卢森堡，罗斯柴尔德家族最优秀、最能干的情报员提前一个月到位，随时待命，力争在第一时间里向内森发送两路大军的备战信息。在两军当中，都有罗斯柴尔德家族安插的密探：在反法同盟军队里，罗斯柴尔德家族在威灵顿的军队里安插了一位高居参谋军官之位的眼线；而在黑森和普鲁士军队里，则是一位上校和一位将军；拿破仑军队方面，是一位拿破仑的贴身侍卫官与内伊元帅部队里的一名骑兵军官。在隔英吉利海峡相望的英国多佛港与法国加莱港，内森各布置了五艘性能一流的快船，昼夜待命。此外，还有六位独立的罗斯柴尔德情报员，以随军商人的身份，分别跟着两个阵营的大军开进了滑铁卢。特别要指出的是，在他们装货物的马车里，都放着一个鸽笼，里面装有二十四只经过训练的信鸽，准备在最后的战果出来后，就飞往巴黎与伦敦给罗斯柴尔德家族报信。这或许是人类谍报史上第一次大规模地使用信鸽传信。

战争百转千回，荡气回肠。最初，前线传回的消息对英国不利。然而，下午4点以后，消息说战争形势发生了逆转。最后，在晚上8点时，拿破仑败局已定。

然而，威灵顿领导的与拿破仑这位世界上最伟大的军事家交手的反法同盟联军，即使在打胜后，都没有自信发表获胜战报。因为在他们过去与拿破仑交手的战役中，有着太多的被人家在最后关头反败为胜的记录。这一次威灵顿严令部下不得掉以轻心，一直到拿破仑彻底败走，反法同盟在最后打扫战场、清点完双方伤亡人数后，才能发表最终战报。

但在这一点上，罗斯柴尔德家族的情报员们比威灵顿要果决得多。在滑铁卢的枪炮声沉寂下来后，罗斯柴尔德家族布置在两阵营军队中的密探,都把法国战败的局势向内森发出了战报分析。

这些战报通过快马在第一时间传到了巴黎詹姆斯的居所。詹姆斯迅速地将各份报告综合,写成了一封只有两行字的密码信件,做成六个抄本,同时派出六位罗斯柴尔德信使,乘坐专用的轻便马车,从六条不同的线路奔向加莱港。

很快,一个名叫罗斯伍兹的罗斯柴尔德快信传递员连夜乘船渡过英吉利海峡。那天已经接到通知的内森亲自等候在岸边,从罗斯伍兹手中接过信,迅速打开信封,浏览了战报标题,然后策马直奔伦敦的股票交易所。

本来在伦敦股票交易所里的人们都紧张地等待着结果,空气中弥漫的除了焦急还是焦急。当人们看到内森急匆匆地走进了股票交易所时,沸沸扬扬的人群立刻安静下来,此时所有的目光都注视着内森那张毫无表情、高深莫测的脸。他们明白罗斯柴尔德家族的实力,也多少听说过一些这个家族密探之多消息之迅速的传言。所以现在每个人都在猜测着内森这张令人费解的脸上究竟写着一件怎样的重大信息,他们观察着内森的眼神,试图读懂其中深意,仿佛这已经悬系了自己一生的命运。

仿佛一个缓慢的长镜头之后,内森向着罗斯柴尔德家族的交易员投递了一个眼神。敏感的人们立刻行动起来,向着交易台一拥而上,将手中的英国公债全部抛出。在如此大量的抛售之后,英国公债价格直线下滑,向下的曲线导致了更多的抛出,于是转眼之间,英国公债走向崩盘。

在下意识的抛售之后，人们开始仔细思考刚才这一系列动作的意义，人们终于明白过来，并有人高声呼喊："罗斯柴尔德知道了！""威灵顿战败了！"本就神经高度紧张的所有的人立刻像触电一般回过味来，迫不及待地要把手里的英国公债抛售出去，生怕自己的投资毁于一旦。

经过几个小时的狂抛，英国公债已成为一堆垃圾，票面价值仅仅剩下百分之五。

内森不动声色地将这一切看在眼里，心中激动又强烈地压制着自己的兴奋与喜悦，而表面上还是装作淡漠而无奈地看着大家。几个小时里一直保持着一副表情。

看到英国公债已经被人们抛售得差不多时，他的眼神忽然闪动一下——这是一个信号。

很快，他的交易员开始大量买进市场上能见到的英国公债，并稳稳地持有。人们看得瞠目结舌，不知道这究竟有什么玄机。

6月21日晚11点，威灵顿勋爵的信使亨利·珀终于到达了伦敦，带来的消息让所有人意识到上当了：法国完了！内森完胜！

仅仅一天！仅仅一天！英国国债的价格呈几何倍数上升，内森狂赚了二十倍！他的获利甚至超过拿破仑和威灵顿在几十年战争中所得到的财富的总和！

滑铁卢一战的一个不为历史记住的细节是：内森成为英国政府

最大的债权人，在以后相当长的一段时间内，他甚至有能力主导英国的公债发行。

漂亮的战役之后，连一向冷静的内森也掩饰不住欣喜，他说："除了我，谁能控制大英帝国呢？不管谁坐在王位上，我都是唯一的主导者。"

第四章　超级富二代

1. 梅耶的遗嘱——家族企业治理新典范

罗斯柴尔德家族在驰援威灵顿、助力滑铁卢一战中可谓一举成名，这也是历史上伟大的罗斯柴尔德王朝正式拉开帷幕的一刻。然而这样辉煌的一天梅耶却没有得以亲见。无论是对于他还是对于我们今天再来读传记的后人来说，都未尝不是一种遗憾。

1812年的9月16日，是一个重要的犹太庆典日，即所谓的"长日"，这个日子是犹太人为了忏悔自己的罪孽，请求上帝的原谅宽恕而设立的。梅耶一直以来是一个虔诚的教徒，他曾有一句很有代表性的名言："在一起祈祷的家庭将凝聚在一起。"在他还是一个年轻人的时候，"每逢周六晚上，结束了犹太教堂的礼拜后，梅耶会将一些犹太学者请到家里，他们一边品酒，一边进行智慧的交锋，最后将一些想法落实，将顺序和细节也敲定，直到深夜。"总之，信仰是第一位的，随后再做喜欢的事情。

这一天的梅耶一直在斋戒中，这时的他已经是一位白发苍苍的老人了，他独自花好几个小时站在犹太教堂中，安静地在那里低头默默祷告。

白天的一切都和往常一样，丝毫没有什么不对的事情发生。可是没有想到的是在当天晚上,梅耶突然感觉身体剧烈疼痛,随之而来的是高烧不退。在这之前,他的身体状况已经大不如从前了,只是没有想到这一次来得这么突然。

他立刻被家人抬到床上休息,但他的病情确实很严重,而且看得出来正不断地恶化。这时无论是旁人还是他自己,都感觉到死亡正在逼近。

想到自己身后有这样一大家了需要来安排,梅耶决定要趁着头脑还算清醒时安排下自己的后事,尽早让孩子们知道他定下的规定,以及订立新的遗嘱来规划罗斯柴尔德家族未来的发展。其实在这之前他已经订立过一份遗嘱,但是现在老梅耶觉得自己当时的考虑还有很大的欠缺,还需要重新订立一份来替代他更早的时候订立的遗嘱。

这个时候,他打算使他已经跟他的所有孩子们订立的协议生效,按照协议,他将他生意中的股票、证券和其他财产全给他的五个儿子,比如大量的葡萄酒股票,总价十九万基尔德,当然这个数目远低于它们的真正价值。他的儿子们因此成为生意上的专有主人。

临终前,老罗斯柴尔德在病榻上写下他的遗嘱,为未来的罗斯柴尔德金融王朝的建立制定了规章:

(一)家族成员必须团结。

(二)家族银行关键位置由罗斯柴尔德家族的直系男性成员

担任。

（三）家族银行经营情况不得对外公布，保持私人合伙制公司传统。

（四）为保证家族财产稳步增长，家族男性成员必须表亲通婚。

家族的团结是这位虔诚的信徒始终关注的重点，正如他生前一遍遍强调的那句话："在一起祈祷的家庭将凝聚在一起。"据说，老梅耶直到临去世前几天头脑清醒的时候，还反复对守在病榻边的大儿子和二儿子讲"折箭训子"的故事，并一再向他们说明团结对一个家族的兴旺有多么重要。

如今世人皆知，罗斯柴尔德家族的族徽标志是被折断的五支箭。关于"折箭训子"的故事，无论是在东方还是西方，都流传得很广，妇孺皆知。这个故事是这样的：

很久以前，有一位部落首领，他生了许多儿子。这本是一件好事，不过，让他担心的是，他们彼此不和睦。部落首领临终时，召开了一次家庭内部会议。他让每个儿子拿来一支箭，老人吩咐儿子们都把手中的箭折断。儿子们没费什么气力，就把自己手中的箭折断了。之后，父亲又叫老大试试折断十二支箭。老大无论怎么用力，最终都失败了。其他儿子同样如此。他语重心长地对他们说："若是单独一支箭，就很容易折断，合起来，就不容易了。你们兄弟决不能再离心离德，应当齐心协力，那么，谁也不能胜过你们了。"

罗斯柴尔德家族的族徽具有同样的象征意义。

然而我们回过头来再看这份遗嘱时，会发现它其实规定得非常严苛，比如老梅耶的这份遗嘱完全把女儿和她们的丈夫，以及她们的继承人从生意上排除出去，甚至都不让他们知道。梅耶给妻子留下七万基尔德，剩下的他分给他的五个女儿。

梅耶之所以在死前这样支配财产，主要有两个目的。首先，梅耶是一个不喜欢张扬的人，做事低调是他的一贯风格，这样的财产分配可以使得他死后，家人不必向官方通报他的巨额身家。因为，此时的罗斯柴尔德家族生意已经被继承，账面上，梅耶只留下不多的财富即十九万基尔德给他自己。另外，这样做还有一个更重要的目的，那就是梅耶要使得生意绝对确保分给他的五个儿子，不受到来自他女儿和她们亲属的任何可能的干扰，并且在后来也如此传承下去，以此保证家族产业不落入外人手中，而使得后世子孙们将家业平稳地传承下去。

这份遗嘱规定，孩子们之间要团结，倘若有人不遵守遗嘱精神，将受到惩罚，措施是：只能继承不超过法定的最低数目，经计算，这个数目是十九万基尔德。

当梅耶订立他最后的遗嘱时，只有两个儿子在身边：阿姆斯洛和卡尔，另外三个儿子都在欧洲穿梭，所罗门当时在巴黎进行业务洽谈，内森在伦敦，另一个儿子也在外地。

梅耶苦心经营的产业就这样在他离世前一一分配下去，以便确保他家族未来的繁荣。他考虑的只是在财富的获得上——通过清晰和简洁的规定来维持他大家族的团结与平安时，他自己也平静地走到生命的尽头。1812年9月19日的晚上，梅耶病情危急，医生只能进行最后的手段：放血。这种在当时看来颇为高明的手段已经被证明只能加重病人的病情。最终，老罗斯柴尔德在那安详的时刻平静地咽下了最后一口气，终年六十八岁。

这位一生精明、勤俭而低调的犹太人，至死都保持着一颗虔诚而谦虚的心灵与姿态。让我们再来回顾一下梅耶的一生：他二十岁开始做买卖古董和古钱币的生意，同时也兼兑换钱币。由于他的精明能干，很快就得到威廉王子欣赏并与其合作，生意越做越兴旺。后来，他又扩大经营，同时做棉制品、烟酒生意，并开始从事银行业，成功地开始了各种金融交易，包括交易债券、股票、特殊货币，还与各国贵族建立了良好的业务关系。用了短短二十多年时间，他从一文不名到富甲一方，成为了法兰克福的首富。随着家族事业的蓬勃发展，梅耶把他的五个儿子分别派遣到欧洲的不同城市，进行地区性金融业务。从那时起，他们开始使用五个箭头的标志，而时至今日在全球的罗斯柴尔德银行依然可以看见这个标志，它代表着团结的力量。

后来，当很多人对罗斯柴尔德家族的传奇进行总结时，都没有忘记这一点。他们永远将关键环节掌握在自己人手中，所以使得一切处于可掌控的范围内，无论是财富值还是业务成果。另外，罗斯柴尔德家族重视内部联姻，希望他们的财富都圈在家庭内部成员的范围内，而不是流向外部。这是一项严格又残酷的家规，据统计，在一百多年的时间内，大概有十八次家族内部通婚，而其中的十六次是堂兄妹之间的缔合。

在他最后的时刻，他肯定会意识到他留给他的儿子们的是怎样一份不菲的遗产，但他或许不会想到，他已奠定了19世纪上半叶在整个欧洲持续发挥着无可匹敌的影响力的世界级实权的基础，而且一直影响到现在，甚至一次次影响着世界的进程，而且无论环球风云如何变幻，梅耶开创的罗斯柴尔德家族这种影响力几乎无人能及。永无止境的金权欲望，以及基于这一切的对金钱和财富的深刻洞察和天才的预见力，使得罗斯柴尔德家族在两百多年金融、政治和战争的残酷旋涡中所向披靡，建立了一个迄今为止人类历史上最为庞大的金融帝国。

据估计（因为罗斯柴尔德家族的财富从不对外公布，始终是一个秘密），在19世纪50年代时，罗斯柴尔德家族已经积累了六十亿美元的财富，而到了20世纪初，甚至有人猜测，罗斯柴尔德家族所控制的财富有可能已经达到当时世界总财富的一半。

"在这个世界上，最了解黄金的人莫过于罗斯柴尔德家族。他们能敏锐地对未来世界的经济形势做出准确的判断，2004年，正当世界金融界还未能意识到危机的时候，罗斯柴尔德家族宣布退出伦敦黄金定价系统。谁都没有看清楚，实际上，罗斯柴尔德家族是悄悄地远离未来世界空前的金融风暴的中心，撇清他们与黄金价格之间的关系。他们准确地预测到：美元将面临一场重大危机。对于银行家而言，战争是天大的喜讯。因为，现代战争中，当战争结束时，政府无论输赢都将深深地陷入银行的债务陷阱之中。以英格兰银行为例，从这家银行成立到拿破仑战争结束的一百二十一年时间里，英国始终处于战争的阴霾之中，其中的五十六年在发动战争，剩下的时间则在准备战争，英格兰银行正是在这个过程中迅速发展壮大。对拥有庞大财富的罗斯柴尔德家族来说，策动和资助战争是他们的本质属性，因为只有战争才能促使银行家的财富像滚雪球一样增长。从法国大革命到第二次世界大战，几乎所有近代战争的背后，都闪动着他们的影子。"

罗斯柴尔德家族无论从发展的速度还是发展的规模来说，都远远超出了梅耶最初的想象。到了19世纪中叶，经历了无数战争的欧洲各国货币发行大权均落入了他们的控制之中，甚至有人半开玩笑半认真地评价说："神圣的君权被神圣的金权所取代。"而作为新兴的政治力量的美国自然也不能逃过魔掌，下面我们一一来看一下，他们是如何"征服"这些地方的。

2. 征服英格兰

长年的战乱使得欧洲大陆饱受生灵涂炭的痛苦，然而有一个地方却比较特别，那就是英伦三岛，它们被碧蓝的海水环绕，逃过了硝烟战火的侵害，土地几乎未受任何干扰。那个时候，英格兰把主要精力用于发展商业，这一系列的休养生息的政策使得英格兰土地上的人们逐渐摆脱了农牧时代的生活生产习惯，开始慢慢向工业社会迈进，过上了富足的生活。

而这些主要得益于前一阶段英格兰的统治者所进行的一系列改革。

在1759年至1806年英国首相皮特当政期间，他大力地推行了金融改革，这一举措继工业革命之后，大大地推动了整个国家资本主义的发展。根据马克思主义经济学的观点，经济基础决定上层建筑。皮特通过这一改革，也使得英国政府内部事务变得有条有理。反过来，上层建筑的稳定又反哺经济，从而使英格兰在法国大革命期间有可能从自己不断增加的财富中拨出一大笔钱给自己的盟国，那些盟国正陷于财政危机中。这样，到了18世纪末的时候，英国已毫无争议地成为欧洲最重要的商业力量。

我们前面提到过，梅耶的第三个儿子内森一直在英国着手做着家族生意。他可以说是梅耶五个儿子当中最具胆识与智慧的一个，很快，他便在商界领域崭露头角，并且在波涛汹涌的商业大潮中成为绝对自信的弄潮儿。尤其是滑铁卢一役中他凭借绝对信息优势一举赢得几十倍的利益，更是令人刮目相看。现在我们来看一下，他是如何一步一步"征服英格兰"的。

开始时，精明的内森定居在曼彻斯特，因为在那里，有利于他的生意来往。当时，正是欧洲战争最为频繁的一段时期，各国都非常注重军事装备，所以众多军队都需要衣物等布制品。这一来，布匹贸易就为内森赚取超额利润提供了绝好的机会。内森的第一桶金大约有两万英镑，这个数字或许现在看来没什么，但在当时来说也十分可观。这笔资金的获得，并不仅仅意味着财富，而是更多地为内森带来身份的尊重和认同。人们开始对这个一句英语都不会说的陌生人肃然起敬，其中包括他的同行们。

所以，当内森来到曼彻斯特时，他在旁人看来，是一家来自欧洲大陆的商业公司的重要代表，有数量可观的可支配的资金。

这在外人看来，似乎一开始就是一个传奇。

这位充满活力的年轻人开始投入他兴趣浓厚的商业活动中，他一双富有洞察力的眼睛总是会准确地抓住商机。所以，尽管他如此年轻，却也表现出不同常人的灵敏的经商头脑。

内森是一个有条理的人，所以他的生意经不是一盘散沙，而是拥有成熟的规划。

他还在欧洲各地购买各种他认为物美价廉且有增值潜力的商品，这一点颇像他的父亲老罗斯柴尔德。和梅耶年轻的时候一样，他购买了各式不常见的货物，比如葡萄酒、糖和咖啡。他非常了解人们的需求，所以从不担心他所买的这些货物会找不到市场，而且更重要的是，远在德国法兰克福的母公司需要所有这些货物。

很快，极具商业天赋的内森就将本金翻了两番甚至三番。生活在英国他感觉到很充实，而且在这些往来贸易中自己很享受，或者说，非常有成就感。在内森的内心深处，他一直觉得法兰克福的生活压抑专制，而在英国，他感觉异常的自由，这使他对英格兰非常有好感。

随着内森公司业务的增长，他同首都伦敦也建立起商业联系。首都，不仅是权力的象征，也是金钱的象征，特别是在古典时代，内森认定那是一个更为广阔的天地。在他考虑了一段时间之后，他果断地决定要在英国永久定居。1804年，内森来到伦敦，他此时的想法非常明确，在伦敦，他将与政治力量密切接触，攫取更多的财富。正如他的父亲梅耶年轻时与威廉王子的生意合作一样。他知道，无论什么时候，经济的发展是需要政治地辅助的，政治发展必定会对商业生活产生极深刻的影响。他也意识到，如果他是一个外国人，那么无论在哪一项社会福利上都将处于不利的位置，更重要的是将对他的生意产生极大的障碍。因此，早在1806年的夏天，他便申请入籍为大英帝国的臣民。

一位优秀的商业人士的申请自然很容易便获得了当局的批准，况且作为申请人，内森已经在英国居住了六年，事实上英格兰也知道他们需要这些精英人物的帮助。另外，就算他还没有在商界取得非常突出的位置，他迅速取得的这些成就也足以让众人尊重和信任，而且欧洲大陆对商品的需求非常之多，令政府也不得不常常对这些商人另眼相看。受此眷顾，很顺利的，内森在伦敦继续他的生意并大获成功，这样一帆风顺的生意历程一直持续到1806年。

长时间居住在英国的内森对于英格兰的生活和英国人的性格已经相当熟悉，他喜欢那一片为他带来成就感和自信的地方。所以在英法战争爆发时，他自然很容易地偏向英国一方，但这一切内森都做得非常低调，所以几乎所有人都琢磨不透这个年轻人每天到底在想些什么。低调不仅是罗斯柴尔德家族的一个传统性格特点，也是他们日后能在世界金融领域称雄的关键因素之一。尽管英法战争前社会上已经人心惶惶，舆论四起，但内森仍然尽量避免公开支持任何一方，尤其是那些有可能会损害他在法兰克福的家族利益的政治势力。这个年轻人有着很强的家族使命与责任感，他的一切行动首先考虑的都是以家族的事业为重。

而内森这时娶了一位富有的犹太家庭的女儿，妻子带来的丰厚的嫁妆也大大增加了自己的财富。又因为他的岳父在伦敦是一个颇有威望的商人，所以也给他带来了社会地位的极大提升。

婚姻除了给内森带来财富与社会地位的变化之外，还使他结识了许多社会名流。比如，内森妻子的妹妹朱迪丝·柯恩在姐姐结婚之后不久也出嫁了，她嫁给了当时英格兰著名的富翁摩西·孟蒂福爵士。这位几乎可以称得上是那个时代最有社会名气的英国犹太人，在19世纪的历史上，不仅是著名的金融家、股票经纪、银行家，现在又多了一个身份——内森的连桥。因为婚姻的原因，内森和摩西两人的关系一下子就拉近了。

摩西·孟蒂福爵士对欧洲大陆战事变化的预测以及他在商业领域的不凡表现，让年轻的内森钦佩不已。

梅耶当时正在法兰克福，与儿子比起来，他相对还是比较保守的。他不断地写信给内森，希望他可以回来发展生意，与兰德格雷夫合作，进行家族的贸易投资。除了这些，老梅耶还一次次地劝导内森应该多结识那些在伦敦的为兰德格雷夫服务的全权代表。虽然父亲苦口婆心地这样为他规划，但内森是有他自己的想法的，他并不看好父亲只选一家合作到底的方式。所以，他一直都没有按父亲所说的来做。

这个时候英格兰的股市开始接受外界的大量投资。兰德格雷夫在伦敦的生意也需要找一个合伙人。这个时候他想到了老朋友梅耶，并且也听说了一些关于他的能干的儿子的消息。于是兰德格雷夫决定找内森来帮他打理。

兰德格雷夫知道，如果自己能找内森来帮助他的话，那将是最好不过的了，因为根据英格兰当局的那些规章，外国人在英国本土很难获得那些文件证明他们所买的那些股票的所有权。而内森现在已经不算是"外国人"了，对于这个小伙子来说，因为他在英格兰有无数犹太或非犹太的联系，所以为兰德格雷夫安排起生意上的事情来并不十分困难。

内森也重新考虑起这个问题来，他想到，如果自己能够在相当长的一段时间内干预对证券的购买和支付，那么他有机会能够暂时控制相当一大笔数额的金钱，有了这笔钱，他就可以进行安全的短期交易，比如购买在那个时候价格不断上涨的金条。

这是一个不错的交易，内森决定和兰德格雷夫成交。

在英格兰，没人知道内森的账户里是如何在短期内有了这么一大笔金钱的，因为兰德格雷夫的资金在英国已经被冻结过一次，所以他账户上的英国股票都是以罗斯柴尔德的名义正式购买的。这样在旁人看来，内森的账户里短期内突然多了这么一大笔钱，似乎也在情理之中。

有了钱，许多事情就好办多了。用这笔钱，罗斯柴尔德家族和内森的信誉从许多巨额的采购中大幅提高，内森开始接受他人委托进行各种交易，即使他不能立即以现金支付，也要抢占那些商机，因为他并不想输，而那些商人将会为自己带来非常光明良好的前景，所以，内森抓住一切可以把生意做大的机会。

梅耶在刚刚和兰德格雷夫接触时，那个时候的兰德格雷夫还是威廉王子。梅耶非常会打理与那些王室贵族们的关系，长期积累的广泛人脉为梅耶的事业开创起到了至关重要的作用。现在同样，内森特别擅长利用人脉关系来为自己打通前方的道路，比如对于那些为了使自己发家而努力抓住一切机会投资的人，他看透他们贪婪的心理，所以要适时地赠予礼物。从这一点来看，内森是非常善于从人的心理切入来抓住战机的。

拿破仑在进行大陆封锁时，一度促使整个英格兰的商业前景改革一新。内森恰到好处地利用了英国和处在敌对状态的法国之间的微妙关系，尽最大可能在最广泛的领域做起自己的生意——不仅用他自己的账户，也用法兰克福总公司的账户。

后来的事情我们就知道了，梅耶通过他和老朋友达尔伯格之间的关系，让詹姆斯到了法国，并由于开始了伦敦与巴黎之间的商业信息往来。内森以非常低廉的成本获得了很大比例的由威灵顿开出的账单，英国财政部将它们兑换成现金后，再由内森以金币的形式运送到海峡对面的法国，在那里，由他的兄弟接收，然后再向巴黎的各个银行付款。

那时候，约翰·查尔斯·赫里斯负责给没有出战的英国军队和在欧洲大陆战斗的英国军队提供必要的资金支持，可是只凭他一个人，根本没办法满足时局的需求。随后，从商业网络中他们听说，有一位叫作内森·罗斯柴尔德的年轻人参与了此事，他从东印度公司购买了大量黄金，之后将其送往国库。对于这个稍显陌生的年轻人，他们感到非常惊讶。

历史上的俄罗斯曾让任何一个入侵它的国家都十分头疼，即使那一方是拿破仑也不例外。所谓的盟国在没有利益冲突时互相勾肩搭背，面临困境时则瞬间变脸。在与俄罗斯的战争中，背叛拿破仑的盟国有很多。其中普鲁士结盟了俄罗斯，在法国发动了战争。也是在这一年，萨克索尼城里吹响了拿破仑的号角，一系列战争中，拿破仑赢得了几次胜利，但是他的敌人太多，已经不容忽视，并且如野草一般前仆后继地出现在他的战场上。

英格兰唯恐拿破仑势力扩张，于是千方百计牵制，因此，它为普鲁士和俄罗斯提供了资金。在1813年6月14日签订的雷申巴茨条约中，英格兰和两个国家分别进行了约定。在约定中，英格兰承诺说：如果普鲁士提供八万人，它就会给这个国家提供六十六万六千六百六十六英镑的补贴。在听说了这个约定以后，俄罗斯国王当机立断，提供了十六万的军人名额，因此也收到了两倍于普鲁士的补贴。

而当时一心想复国的兰德格雷夫也很乐意暂时提供军事费用，并派遣部队以加强盟国的军事力量。兰德格雷夫向他的财政管家布德鲁斯表示，尽管自己也很缺钱，可是要为了这一目的达成而不惜一切代价筹得必要的资金。于是，决定孤注一掷的兰德格雷夫再次向罗斯柴尔德家族请求援助，当然，他也提出了让罗斯柴尔德家族无法拒绝的好处。此后不久，兰德格雷夫就收到十万金币，以便自已能够向盟国支付几笔费用。

罗斯柴尔德家族在战争中可以说是四处放贷，无论哪一方胜利，他们都有利可图，只不过如果想利益最大化，还需要目不转睛地盯着形势，下最妙的一步棋。

这样一笔数额巨大的资金，使得反法联盟统一战线得以迅速建立起来，并且在战争中获得了一些成功。奥地利尽管一直遭遇金融危机，但是却在战争中投入了巨大兵力，并且发挥了重要的军事作用。反法同盟出于共同的利益走到一起，英格兰为了缓解奥地利的压力，于1813年10月3日同奥地利签署了特普利兹联盟条约，答应每月支付给奥地利一百万英镑，作为奥地利答应出兵十五万人的回报。

这些消息对于罗斯柴尔德家族的经商策略十分有利。1812年，内森接受了英国偿还的一百万英镑，并把这笔钱投资在英国公债上。随着内森对英格兰国债的控制，他以金融手腕征服英格兰的日子越来越近了。

对于他来说，好消息源源不断地涌来：由于英国是在欧洲大陆打仗的国家和自己的海外军队的资金提供者，只要战争一天不停，就要不停地掏腰包，所以到了1813年，英国财政部面临更大的资金需求。内森非常激动，因为他明白，与国外的英国人只能利用英格兰的汇兑账单相比，作为一个已经加入英国籍的外国人，他还有别的攒钱和寄钱的方式。这个方式无疑是会造成恶果的，英国汇率因此而大幅波动，到1813年底，汇率曲线已经下滑了大约三分之一。

赫里斯是英格兰政府任命将钱寄送到欧洲大陆的人。在这种局势下，他只得向内森·罗斯柴尔德求助。他面临的主要问题是钱。英国刚刚同奥地利和俄罗斯签署了巨额资助合同，现在，他们需要庞大的资金；另一方面，威灵顿将军的军队也需要一大笔开支。这一切正合内森的意愿。

由于年轻的内森这些年来在英国所做出的不凡成绩以及他背后家族耀眼的光芒，英格兰官方完全相信内森提出的既清晰又有逻辑的派送资金的计划，于是请他向财政大臣起草一份备忘录，解释一下给威灵顿公爵提供迅速财政援助的方法。

之后就发生了那一幕经典的金融史案例：1815年6月19日，在拿破仑与威灵顿的决战中，金融家纷纷以公债为赌注。内森以其第一时间的情报优势获得战争信息，并且不动声色地在短时间里将英国公债卖出买入，短短几个小时，金融家们目睹英国公债一路从一百英镑狂跌到五英镑！这时，内森偷偷下了道命令，只要公债跌到三十英镑以下，就可以不计代价、不限数量地吸纳，又将自己的五千万英镑财产的大部分都投了进去。见证奇迹的时刻到来了：当时，关于滑铁卢战役的报道铺天盖地出现在所有伦敦报纸上时，可以想象，在伦敦证券交易所开市时，人们纷纷涌入，一时间英国公债迅速飘红，接连上涨七天之后，已经涨过了一百英镑。

当时，长年的战争让英国政府国库空虚，只能靠发行公债来筹集资金。这就代表着，没有货币发行权的英国政府只能选择向私人银行借款，每年支付大约百分之八的利息，本息结算都是金币。滑铁卢事件之后，英国公债大涨，而此时内森手中的英国公债有了惊人的数量，因此，他成为英国政府最大的债权人。如此大量的英国公债被捏在罗斯柴尔德家族手中，他们实际上可以左右公债价格，甚至左右全英国的货币供应量，也就是左右了欧洲的经济命脉。如果说，英国公债已经成为未来政府税收的凭证，那么事实上，人们相当于在向罗斯柴尔德家族纳税。这是很惊人的事实，这个家族因此而进账过亿英镑。

内森操纵的闻名世界金融史的案例在今天仍被许多金融教科书重点介绍——"滑铁卢大投机"。

3. 占领法兰西

詹姆斯·罗斯柴尔德是梅耶最小的儿子，在拿破仑执政时期，他曾经和哥哥内森一道，打理家族的生意。当时，他作为家族的成员，主要任务是建立运输网络。这条运输网络有两个用处，一是走私英国货，二是帮助威灵顿运送黄金和英镑。

滑铁卢一战之后的国债收购，不仅让内森一举成名，作为家族成员的詹姆斯也名重一时。随后，他建起了罗斯柴尔德巴黎银行，并暗地里资助西班牙革命。

有了大量资金做保障，罗斯柴尔德家族从1818年10月开始，在欧洲很多地区分别悄悄买入法国债券，使其价值上升。法国人民刚刚喜出望外，一个月之后，欧洲各地又开始大肆抛售法国债券，忽上忽下的波动，使得人心大乱，人们看不清局势，市场陷入恐慌。

当债券价格从抛物线最高点上迅速滑落，那种高空坠落的绝望不仅弥漫在持有者之间，也让法国国王路易十八陷入崩溃。此时，宫廷里罗斯柴尔德家族的代理人向国王进言，试图让富甲天下的罗斯柴尔德银行挽救局面。路易十八曾经对罗斯柴尔德家族有过蔑视，但此一时彼一时，现在哪里是讲面子的时候，他立刻下令召见詹姆斯兄弟入宫。

詹姆斯也知道见好就收的道理，他看到路易十八确实已经焦急得不行了，于是决定出手来营救债券市场。当然，这一切其实早在他的计划之中，所以他的行动自然立竿见影，一出手就制止住了债券的崩溃。很快，詹姆斯·罗斯柴尔德便成了法国上下瞩目的焦点。

可以说，拿破仑战败之后，法国陷入了前所未见的危机之中。此时，詹姆斯兄弟运用银行业的威力拯救了法国。得到的好处显而易见——罗斯柴尔德家族完全控制了法国金融。

而到了19世纪30年代，对于法兰西来说，注定又是一个不平静的时期。

1824年，查理十世登上王位。1825年，一项赔偿法案在立法议会通过，为了找到没落贵族，并给予他们补偿，赔偿法案将为三十多年前被没收财产的旧贵族们正名，此时法国虽然刚刚经历了波旁王朝的复辟，但自由言论使得社会各界不能允许这种公然挑战新秩序的做法。尤其是报界与议院里，有诸多反对派提出抗议。银行家拉菲特和卡齐米尔·佩里埃是其中的代表，他们为了通过一项对政府不信任的议案，在1830年3月的国民议会上发难。国王大怒，宣布解散国民议会，但可惜在新议会建立之后，所有当选议员依旧站在国王的对立面。

1830年7月26日，查理十世再度反击。他一共颁布了四项敕令：第一项是将尚未举行会议的议会强行解散；第二项是强制推行新闻检查制度；第三项是将选举权集中到旧贵族手中，以便削弱银行家、商人和工业家的选举权；第四项是举行一次新选举。

四项敕令还没有来得及落地生根，"七月革命"在次日拉开序幕。巴黎的工人、学生和知识分子纷纷走上街头，提出抗议。空气中的压迫感越来越强，7月27日至29日，巴黎市区开始出现街垒。革命的参与者们躲在街垒后面，向军队和警察挑战。在这样的局势下，军队和警察不得不让步。而查理十世咬紧了牙关，他知道自己大势已去，但不愿成为革命的俘虏，所以主动宣告退位，并在第一时间逃往英国。

在这一事件里，法国的政治自由派有另一番想法，其实他们满足于1814年的宪法，自己仅仅是对政府的政策和官员抱有反感。

他们并没有彻底改革的希望，而是希望继续保持略为自由化的立宪君主制。正在局面渐渐趋向危险时，拉法耶特——法国革命时期的一位老英雄，找到了解决僵局的办法。一天，他把奥尔良公爵带到巴黎市政府大楼的阳台上，当着一大批群众的面拥抱他，并说明这才是现在法国最需要的一个人物。奥尔良公爵表示忠实遵守1814年宪法的条件，于是国民议会推举他登上王位。

1830年革命来得迅猛而快速，震动了整个欧洲。它的影响极为深远，以至于在多少年以后人们才能全部明白它的影响力。

在维也纳会议上，比利时与荷兰曾经牵手并肩，共同组合成缓冲国，来反对复兴的法国，同时还曾尽力阻止俄国经由波兰而对中欧直接施压。不过时间荏苒，今日不同往昔，形势已经大变。

罗斯柴尔德家族的命运从来都与政治绑在一起，法国的七月革命也让他们面临了新的挑战。家族生意应该做出怎样的变化与调整？所罗门一直在思考。他在巴黎和维也纳之间奔走，时而与弟弟詹姆斯见面，共同商讨对策。对罗斯柴尔德家族来说，最要紧的是一定要稳住大局——国家的大局。因为奥地利和法国手中握有罗斯柴尔德家族的巨额贷款，一旦局势不稳，那些贷款就有可能灰飞烟灭，一去不返，所以尽管眼下的七月革命使得巴黎陷入一片混乱，但是罗斯柴尔德家族出于自身利益的考虑，不惜一切代价来维系和平。并且，向人们证明巨额贷款并未受到波及，仍然继续升值和流通。

为了实现这一目的，罗斯柴尔德兄弟们想方设法来找人脉，奔走于欧洲，四处斡旋。好在这些努力并没有白费，他们赢得了一些信任与理解，比如他们和普鲁士的贷款交易就是一个成功的例子。

1818年，罗斯柴尔德家族为了扩大家族生意，派人和普鲁士的代表罗瑟商谈，直到1832年10月8日才最终敲定合作细节。不过，时过境迁，现在，罗斯柴尔德家族迫切希望撤销这笔交易，然而前提是必须有一个完全安全有利的政治经济环境作为支持，很显然，法国现在的局势很难为他们提供稳定的政治经济环境，所以对于罗斯柴尔德家族来说，这一点几乎不可能实现。

在旁人看来，或许罗斯柴尔德家族很难逃过这一劫了。

就在这紧迫的时候，内森出面了。他曾经和普鲁士的财政官员们打过交道，而且双方相处得很是融洽，这使内森给普鲁士官员们留下了很不错的印象。

事情发生在1818年和1822年，当时，在内森的伦敦银行里，存入大量普鲁士的债券作为合作的抵押。同时，内森的伦敦银行贷款给普鲁士作为战争费用。多年后，当普鲁士提出索回债券时，并没有抱太大希望。不过没想到的是，内森将当年的债券大方归还，普鲁士对内森肃然起敬。

在内森心里，他清楚地知道，如果继续持有，没有人回收的债券与废纸又有何不同，还不如顺水推舟，一来做了人情，二来或许可以换取更大的利益。不管怎样，事情皆大欢喜。

在商场，每个人都各怀心思，西哈德隆银行的主管罗瑟看到内森的行动之后，写信给国王慷慨陈词："罗斯柴尔德家族这样做的原因，是因为对我受普鲁士皇室委托经营的机构充满信心。"每个人都打着自己的算盘，罗瑟的做法只是冰山一角。

不过，与此同时罗瑟也称赞了内森："在如此危急的局面下，内森能做出如此杰出的事情当然也值得称颂，显示了足够的合作诚意。"

不久以后，当罗瑟明白了内森的意图以后，才知晓了原因何在。1830年10月底，安瑟姆代表罗斯柴尔德家族来到柏林，商讨取消与普鲁士政府在1830年2月25日议定的兑换贷款交易。听到罗斯柴尔德家族的要求，罗瑟万分尴尬，本来自己在君王面前信誓旦旦地夸奖过罗斯柴尔德家族，现在突然又出现这种状况，让罗瑟相当窘迫。所以接下来的一周，面对安瑟姆的步步紧逼，罗瑟有点招架不住了。最后他也不得不接受交易被取消的事实，同意了罗斯柴尔德家族的提案，放弃一百八十五万的贷款余额，其中包含百分之五不可赎回的有价债券，以及推迟把债券比例调整到百分之四的日期。

但是罗瑟必须要给自己的这些行为在国王面前找一个说得过去的理由。后来他向国王提出报告说，在经历了最近的一系列政治大事件之后，内森的伦敦银行暂时陷入危机中，刚刚和其达成的协定其实是自己占了大便宜。

其实，罗瑟这时打内心里还是站在罗斯柴尔德家族一边的，因为他知道这个盛极一时的家族势力，为了避免与其关系恶化，所以会尽量顺着他们的意见来。另一方面，弗里德里希·威廉国王对于财政金融一无所知，又加上他非常信任罗瑟，对他几乎到了言听计从的地步。

安瑟姆已经注意到了这些细节上的问题，明摆着这是一个获利的机会，他和他的家族当然不愿意错过。他甚至发觉，这对于他们家族来说是一个获取更多权益的机会。在进行了详尽的准备以后，他提出了新的要求：修改第 次提案的条款，并不再与罗瑟计较条款的细节。安瑟姆之所以敢如此胆大妄为，其实也是仰仗着叔叔内森的名气，然而内森却有些不放心这位年仅二十七岁的侄儿独立处理这么重大的事务，3月初，内森让弟弟卡尔前往柏林协助安瑟姆。

现在罗瑟一下子要面对罗斯柴尔德家族新老两代的厉害角色，他内心还是有点发怵的。

这个时候法兰克福的老大阿姆斯洛也开始行动了，他给普鲁士的财政大臣考特·罗腾写信说："尊敬的阁下，希望我没有给您留下什么不好的印象，一直以来，我们虽未曾谋面，但是因为彼此之间的合作关系，我想您可以相信我的诚意。以您的见识和判断，可以看得到我们与普鲁士政府之间的良好生意关系，也明白其中的利益。无论为了什么，我们都愿意为普鲁士提供最忠诚的服务。

这不只是我个人的意愿,也是整个家族的期望。最近,交易被一些影响和平和秩序的事件所影响,有些停滞不前,我的家族也在蒙受很大的经济损失。对此,我表示十分遗憾,但是同时我们无愧于心,在上帝面前我们的经营可以经受任何考验。关于这笔生意,我的兄弟和侄儿在尽力协商,有关具体事宜的信件稍后会呈给阁下过目。……阁下请原谅我,因为年事已高,我的身体健康大不如前,当面对复杂的工作或者事件时,我已经没有太多精力。所以,如果谈判的进程能够加快,我将不胜感激。我希望我的兄弟卡尔能够早日回到身边,他一直是我的助手与精神支柱,没有他,我处理事务会很艰难很麻烦。阁下请体谅我的现状,并了解我的难处,因为普鲁士政府的公正和忠诚,我确信我的需求会得到解决,我的疑问会得到完美的解答……"

信件的攻势,加上罗斯柴尔德家族在柏林的积极运作,罗瑟只得向国王报告,他写道:"罗斯柴尔德家族成员强调当时的情况已经与现在截然不同,如果罗斯柴尔德银行继续履行合约,将要冒巨大的风险,退一步讲,即使修改其中的某些条款,他们仍然要蒙受他们经受不起的损失。所以,他们想一次性解决问题,从危机中完全解脱出来,为此他们愿意付出一笔确定数目的财富作为补偿。另外,罗斯柴尔德家族提供的数额是让人满意的,这也能看出他们的诚心。"

随后,罗瑟劝说国王接受罗斯柴尔德家族的请求:"我想,事情应该适可而止了，这样拖下去对谁都没有任何好处，国家将蒙受损失，而罗斯柴尔德家族——曾经为我们的国家做出过重要贡献的人的利益也将受到威胁。"

詹姆斯仍然保持着乐观的心态，他人在巴黎，但是时刻关注着局势。不管怎么样，家族里有百分之三的公债保持着不错的价位，有百分之五甚至依然高居九十左右的价位段。但他也有一丝忧虑，就是担心重新上台的摩德纳公爵在国内设下阻碍，这将会给他们带来很大麻烦。

"无论如何，一切还无法预测。"詹姆斯在给兄弟的信中这样说，"我相信主会将一切带向好的方向，如今公债价格在五点上下徘徊不定，我们除了保持内心的淡定，还不能做什么……塞巴斯蒂尼对我说：'比利时问题几乎已经结束，整个世界都在对我瞪眼睛，因为我不想失去和平。失去冷静的人很多，但我依然要坚持，一直会把和平的局面维持下去。对于我自己说过的话，我视若信仰，会一路坚持。如果梅特涅王子能够给予我们支持，或许摩德纳公爵可以不再愚蠢下去，这样才会有和平的希望，同时，这也会让我们遭受议院里强烈的攻击。'……你看到了，亲爱的兄长，他没有多余的力量，已经将全部身心付诸和平的捍卫，海军大臣们都可以证实我的话。"

一切都井然有序地进行着，詹姆斯对法国成功建立了一个保守政府非常满意，法兰西的财政似乎已经在他的掌控之下，所以他在给兄弟们的信中甚至采用了"我的内阁"这样的称谓。这是由于法兰西议院刚刚被解散，故而整个国家需要再进行一次选举，选出新的议院。结果这一次的选举非常成功——新的议院中大部分人都支持现在的内阁。

当时有人这样写道："这是个让人无法不注意的结果，因为选民投票完全自主，政府没有任何动作去引导。作为塞纳地区的合法议员，罗斯柴尔德男爵的财富毋庸置疑，他大概可以操控十五到二十张选票，他告诉内阁大臣们，他会尽一切力量，帮助拉法叶特将军进入内阁。他们表示了感谢，却拒绝了，因为不需要这样的举动。在一些重要的关头，做法可以代表非凡含义，这完全说明，他们具有着忠诚和自信。"

詹姆斯在写给所罗门的信中也难以掩饰他的喜悦，虽然他表现得很平静，他在信中写道："面对很多事物，如今能有一颗平和的心去面对，我也很欣慰。根据我收到的消息，我相信这片国土即将走出阴霾，可以拥有片刻阳光。""当比利时问题圆满解决，我们的政府自然会从中获益。长时间的局面混乱，已经让一部分无政府主义者钻了空子，他们想趁着混乱搞垮法国政府。不过，现在终于到了局势稳定的时刻，当秩序渐渐重建，莱昂伯德王子很快就会登上王位。当比利时终于实现了和平愿望，一切将重新开始。不过，在一百五十人的反对派中，确实一些人聪明能干，他们心里拨着算盘，行事大胆而狡猾，除此之外，他们还享有媒体优势，拥有一部分支持他们的记者,所以势力绝对不容忽视。这些人都是现政府的对抗者,但是因为各种原因没有行动,静观其变是我们应该时刻记得的。"

然而国家之间战争潜在的危险却一直没有消除,在1831年8月2日,荷兰撕毁了停战协议,兵临比利时城下。基本是个傀儡的莱昂伯德国王向英法求援。

听到这个消息,法国很快就发兵进入了比利时。然而却引起了法国国内的一片恐慌——"巴黎交易所今天一片混乱。"詹姆斯写道。法国内阁即将重建,詹姆斯认为新政府应该更加强有力,因为议院对极端自由主义非常恐惧,希望新政府加以控制。"我可没有那么勇敢,"在给兄弟的信中,詹姆斯这样写,"我不是冒险主义者,所以或许我会选择……再见,我亲爱的兄弟,不必忧心,没有什么绝路。议院终于克服了他们的愚蠢,我感到非常欣慰。"

不久之后,伦敦方面也立刻介入调停,目的也是维持欧洲难得的和平。8月5日,詹姆斯的信中就声称整个世界都相信比利时的问题即将被很快解决。"昨天,有消息说普鲁士会派兵支援荷兰,当交易所里接到消息,却没有引起一丝波澜。因为没有人相信,普鲁士愿意蹚战争的浑水,他们明哲保身还来不及,怎么可能现身支援。荷兰国王的处境则不大好,人们纷纷指责他没有获得欧洲保守势力的安全保障承诺就做出的冒险行为……如果荷兰国王看到英国的舰队和法国的陆军,我们希望他可以适当让步。今天没有任何消息来自伦敦，不过因为法国政府已经再次发函要求，英国舰队一定已经出发了……相信很快我们就可以看到现实，看清欧洲大国们是否真的期待和平，如同他们一直以来所宣称的那样。如今俄国政府还没有挑起战争的机会，这让我们可以暂时放平心情，伴随着政府力量的加强，和平时光即将到来，如果可能，我希望可以持续很久。"

事实上，比利时问题没有引发欧洲大战。因为普鲁士决定不插手干预这件事情，颇有明哲保身的意味，梅特涅则受制于国内高涨的反战呼声，无法放手去进行军事冒险，8月维也纳爆发的大霍乱也让他焦头烂额，分身乏术。

另外还有所罗门·罗斯柴尔德长期以来对于军事干涉的警告也起到了很大作用。

对罗斯柴尔德家族来说，这一次事件有惊无险，因为无论如何，算是避免了一场或许将是空前的大战。避免了这一场大战，便意味着自己家族的生意得到一个有利发展的空间。

继滑铁卢一战后的公债收购之后，詹姆斯在七月革命之后的战争风云中再次在商界脱颖而出。最为难能可贵的是，即使在危急时刻他也从没有丧失冷静过，而且正如他的一封封信中反映出来的那样，他一直努力保持乐观积极的态度。这段时间里罗斯柴尔德家族多亏了他的努力才得以平安度过。即使在最艰难的时刻也有惊无险，总能转危为安。

这样，法国王室面临的一场灾难性的危机也终于在1832年初安然度过。当然这其中詹姆斯功不可没，因为法王很大程度上得益于詹姆斯一手扶植的政府，才让事态得到平稳的发展。

接下来的几年里，罗斯柴尔德法国银行在法兰西已经成了领军人的角色。然而在争夺铁路融资项目上，却出现了一次小危机。法兰西动产信贷银行创造了新的模式：将多家铁路公司各种期限各种条件的股票和债券进行标准化"打包"。前所未有的创新思路填补了一部分市场空白，让很多人兴奋起来。一时间，大批小投资者都愿意去尝试，纷纷购入这类"打包"产品。让罗斯柴尔德家族意想不到的是，动产信贷公司的资产迅速增长到六千万法郎，直接挑战罗斯柴尔德家庭在铁路融资领域的老大地位。

这个消息对罗斯柴尔德家族相当不利。

不过，好在詹姆斯·罗斯柴尔德早就对动产信贷银行的威胁有所察觉。在这家公司创立之初，他便动用手中的备用资金购买了动产信贷银行五千股观察一下行情。此后，无论动产信贷银行有什么举措，詹姆斯都会做一番分析，对动产信贷银行做出的行动，詹姆斯也是洞若观火。

1852年11月15日，詹姆斯挥舞着手中的笔，洋洋洒洒写下对拿破仑三世的建议，他将动产信贷公司称为"国家经济的灾难"，批评了这种做法，并指出因为股份制银行的股东是匿名的，如果其中有人滥用职权，则无法追究责任，那么将引起人民财产的损失。

在信中，詹姆斯表达了自己的立场和担心，他说："新型银行动辄都是大额投资，这会让他们把握市场命脉，甚至成为商业和工业的主宰者。如果市场规律因此而发生更改，将会出现不可控制的局面……将大部分国家财富都集中在他们手中……最终这些银行的力量会超过政府。"

同时，詹姆斯又警告拿破仑三世，动产信贷公司根基不稳，这家公司从建设之初便是建在沙滩上的，这是因为他们发行的债券付给投资者固定利息，而银行本身对该项投资的投入是"不确定而不可靠的变数"。一旦发生危机，银行将会拖累整体经济"滑向深渊"。

詹姆斯很有预见性地预言，新型银行的准备金一旦不充分，马上会陷入危机。

其实詹姆斯这一番话也不全是为了毁誉动产信贷公司，更不是吓唬拿破仑三世。后来发生的事情向人们证明了詹姆斯之前的分析与警告并非空穴来风。

有精通银行业的人士对詹姆斯·罗斯柴尔德关于动产信贷银行的说法评价说："只要将名称和年份更改一下，完全可以用'论金融衍生品的风险'为题，直接发表在金融海啸后的《金融时报》头版。"

1855年，法国经济登上巅峰。不过，紧接着开始的克里米亚战争摧毁了好局面。战争结束时，法兰西银行出现了巨大的资金缺口，再加上当年农业生产下滑，加重了银行的压力。为了帮助法兰西银行渡过难关，1855年8月，罗斯柴尔德法国银行卖给法兰西银行一部分黄金白银，价值五千五百万法郎，法兰西银行的储备金才得以缓解。

当然，这样的举动只能缓解眼前压力，并没有解决实际问题。过了一年，新的问题接踵而至，法兰西银行再度陷入困境。它只能申请中止纸币与金银的兑换，虽然罗斯柴尔德的另一位成员阿尔方斯坚决反对，但是绝大多数银行董事都赞同这一提议。最后，阿尔方斯父子出面解决了状况，他们为了遏制挤兑风潮，只好通过贴现率的提高，和大量黄金白银的购买来实现，据统计，这一次他们花出了八千三百万法郎。因为罗斯柴尔德银行的介入，法兰西银行的现金流得以维持住。

可以看到，从1855年到1857年，法兰西银行的命运与罗斯柴尔德银行紧紧捆绑在一起。前前后后，法兰西银行有数亿法郎的黄金是由罗斯柴尔德银行提供，罗斯柴尔德银行也因此获得百分之十一的利润。只能说，这是两者之间的合作共赢。

4. 主宰奥地利

现在提到罗斯柴尔德家族与奥地利之间的关系，我们不得不提及梅耶的第二个儿子——所罗门·罗斯柴尔德。

早在老梅耶还在世时,他就长年穿梭于欧洲各大城市之间,担任家族各个银行之间的协调角色。

罗斯柴尔德家族中的几兄弟个性鲜明,特点不同。内森富有心计、善于观察时势,而所罗门·罗斯柴尔德在几个兄弟中是最具有外交才能的一个,他说话用词考究,巧于恭维。一位和所罗门打过交道的银行家曾这样评论他,说"没有人离开他时不是神清气爽"。

出于这个原因,家族成员一致同意他到维也纳——欧洲的心脏地区去开展家族银行业务。

当时的欧洲,维也纳是名副其实的政治中心,几乎所有的欧洲王室都和奥地利的哈布斯堡王朝有或暗或显的血缘关系。哈布斯堡王朝作为神圣罗马帝国的王室,是欧洲最古老最正宗的王室血脉,它统治了包括奥地利、德国、意大利北部、捷克、斯洛文尼亚等地区长达四百余年。

18世纪初,拿破仑的军事力量横扫欧洲,虽然他以武力打垮了神圣罗马帝国,但奥地利在战争结束以后仍然因其正宗的血统傲视欧洲其他的王室。

罗斯柴尔德家族很早就意识到,只有和这样的高贵家族打交道,才能跻身欧洲最主流的社会阶层。不过,哈布斯堡家族毕竟身份显赫,再加上对商界人物一直怀有戒心,所以,虽然罗斯柴尔德家族做过几次努力,仍然不得其门而入。

此一时彼一时，拿破仑战争结束后，罗斯柴尔德家族已经名满欧洲，成为极具影响力的家族财团，带着征服英法的气魄。无论从身份还是财富角度来看，都已经跻身欧洲最顶尖的阶层。现在，要接触哈布斯堡王室，所欠缺的不过是时机。

时机很快被家族中最具外交才能的所罗门·罗斯柴尔德发现了。他找到了一块敲门砖，也就是梅特涅——19世纪欧洲政坛的奥地利外交部部长。

曾经有这样的说法，将1814年到1848年的欧洲命名为"梅特涅时代"，可见梅特涅的影响力之大。只是人们不明白，梅特涅背后的大靠山，正是罗斯柴尔德银行。

本来在此之前，罗斯柴尔德家族与奥地利的政治家从没有任何瓜葛，但是罗斯柴尔德兄弟现在是帝国随行人员中响当当的角色，他们希望能与奥地利开始建立联系。

拿破仑战败之后，欧洲进入了期盼已久的和平期。在此期间，梅特涅起到了至关重要的作用。他借助奥地利哈布斯堡在欧洲残存的皇家正统号召力，牵头建立了维也纳体系。为了维持和平局面，梅特涅采用各种方式使各方面达到权力的制衡：他组合了邻国普鲁士和俄国，使其成为神圣同盟，遏制了法国的东山再起，牵制了俄国扩张的躁动，还形成了联合压制境内民族主义和自由主义浪潮的机制，确保了奥地利境内多民族分裂势力不致失控。

这一时期，梅特涅成为了欧洲的中心人物。

此时的梅特涅，还并未展现出伟大人物的全部才干，他还只是一个部长。不过，他在奥地利实行的一系列政策的成功大大巩固了他部长的地位。未来他将大显身手，他将掌控对奥地利的各项举措，甚至包括财政事宜。这让他的决定具有了非凡的影响力，即使这些举措是针对其他省。单论经济实力，离开罗斯柴尔德家族，梅特涅毫无能力。而且他总是大手大脚，性格豪爽。有时无论公事私事，都愿意去掏自己的腰包，是个有趣的人。他总是认为，财务只是工具，外交才是目的。

因为梅特涅对财务问题的忽视，常常要别人来擦屁股。比如弗朗西斯皇帝就多次处理过他的个人贷款，处理的结果当然只能是免除。除此之外，很多银行家也都曾接到过梅特涅的求助。从现存资料显示，梅特涅与罗斯柴尔德家族的交往，是在1813年之后。

糟糕的财务状况让梅特涅意识到自己的缺欠，因此他找了一位秘书兼顾问金斯。梅特涅非常信任他，这个人在1802年到1803年——还在普鲁士做政府官员时就和兰德格雷夫十分熟稔，而了解他杰出才华的梅特涅，当时是德累斯顿的大使，金斯正是由梅特涅介绍才进入奥地利做政府官员的。

不幸的是，从后来发生的一系列事情来看，梅特涅显然高估了金斯。在管理私人事务方面，金斯甚至还不如梅特涅自己，而且不像兰德格雷夫做生意有原则，如果可以有机会获得金钱，他会毫无顾忌地抓住任何机会，在他的交往范围内，任何国家的任何人都有可能想要借此获得职位或职称。他利用他的笔获得了很多金钱收益。但是尽管如此，因为奢侈的生活习惯以及花钱没有计划，他还是时常感到囊中羞涩。每当缺钱时，他都觉得末日即将到来。当然，仍有很多人愿意与他成为朋友，其中不乏同时代的伟人，诗人、政治家、王公贵族，以及犹太银行家和商人。

名噪一时的戏剧家洪堡自以为对金斯十分了解，歌德也对他十分感兴趣。有一次洪堡在给歌德的信中写道："你听说了金斯的事吗？几个礼拜前他几乎完全破产了，我们都知道他花钱没有计划，可我觉得，他今天这样不只是因为浪费，还有软弱。"这种危言耸听的消息很容易得到证实，很快真实情况水落石出，谣言破解。散播谣言的人只能陷入尴尬。

当然，大手大脚花钱绝对是金斯的作风，很少有人能够如他一样，花钱完全不经过思考。

除了性格方面的缺陷，金斯研究学问倒是很有天分。早年，他还在英国的时候，写了一部政治经济学方面的著作，后来，这本著作被赫里斯翻译成英文出版，受到市场的追捧，金斯因此出名。两人一直保持着良好的沟通，在信中，可以看到罗斯柴尔德的名字，并且两人都给予很高的评价。

在奥地利反攻的时候，由于已经决定要将这场战争打过莱茵河，打到敌人的腹地，持续的战争行动使其资金再一次告急。对于他们来说，当务之急是要将英国存在其账户里的补贴转成现金。维也纳的四家银行负责该任务，不过，政府对四家银行的服务品质不满意。另一方面，金斯由于个人原因，和这四家银行的主要负责人也几乎没有太多交往，所以，其他消息灵通的金融家都虎视眈眈。

金斯经过一番考虑，写信给梅特涅通报掌握的情况。在信中，他对梅特涅说明了这四家维也纳银行没有权利进行国家的金融业务；在信件的结尾，金斯特别提出了一位响当当的银行家——法兰克福的冯·赫尔兹。

事情最终决定下来。不过，让两人没想到的是，冯·赫尔兹只顾着自己的利益，把这些债券以不可思议的低利率出手了。

于是，事情暂时搁置起来。

不久之后，梅特涅收到乌戈尔——时任奥地利的金融部长的一封信，他在信中委婉表示，希望能尽快解决问题。

乌戈尔在信中说："悲观地说，因为汇率而损失的补贴会有至少三分之一，作为提高补贴的办法，这也是必须设法去做的事情。很简单，假设派送了六百万，我们在外面实现的则只有四百万。"

乌戈尔的信让人明白了欧洲政府利用这些交易能生出多么巨大的利润。当然，乌戈尔只是一位政府官员，远不如把钱看得比命还重要的银行家精明。乌戈尔都能看得如此清楚，他们自然更了解详情。所以，他们动用一切人力、物力，蜂拥而上，盯着奥地利政府。既然梅特涅一时无法攻破，他们就转向了他的助手。

乌戈尔在信中还提到自己的看法，他认为法兰克福银行家更有信用，而且，他们和宫廷保持着特别联系。

不过，乌戈尔仍然倾向本地的四家银行。道理很简单，这四家银行收取较少的佣金。

梅特涅和乌戈尔意见不统一，他倾向于法兰克福的银行家。为解决目前的困境，乌戈尔在维也纳召开了一次秘密会议，要求与会人员投票，经过成员们的不记名投票，本地的四家银行获得的票数更多。在随后的会议上，大家给出的理由比较一致：这四家本地银行比较容易掌控，并且运营稳定，无信用污点。

与此同时，罗斯柴尔德公司自然也紧紧盯住奥地利这块肥肉。为此，公司准备了大量备用金，并通过各种关系积极与奥地利政府接触。

1814年初，阿姆斯洛·罗斯柴尔德得到盼望已久的消息：奥地利政府命令给军队发放薪酬，款项由奥地利军需官结算。

此时，奥地利设在弗雷伯格的军事总部捉襟见肘，资金状况十分窘迫。他们渴望得到政府的补贴，因为军队每个月至少要两百万荷兰盾。问题之所以这么严重，是因为英国答应给奥地利的款项没有及时到位。

在双方签订合约后，奥地利政府顺利地收到英国欠它的一年之中前三个月的资金。不过，4月和5月的付款被拖欠下来，几经催促，毫无结果。同时拖欠的还有两笔归还给军队资金，这笔汇款也不得不安排。

罗斯柴尔德公司为这项业务投入甚多，为了支持它，赫里斯曾向维也纳建议，奥地利应该安排这笔钱从法兰克福送过来。

内森·罗斯柴尔德早已经对此事相当关注，很早以前，他便安排自己的全权代表在法兰克福常驻。另外，切维勒·冯·灵伯格——一名德国犹太人，与内森的意见达成了一致。

与此同时，当梅特涅表示出想要选择法兰克福银行家的时候，罗斯柴尔德兄弟决定，在没有赫里斯和灵伯格的帮助下，开始对政府公关。

1814年7月份，罗斯柴尔德兄弟向奥地利政府官员转交了一封信，信中说明他们希望在这次事件中提供他们的服务。

信中，他们还明确提出了自己的优势所在："我们罗斯柴尔德家族今天以英镑付款。并且，为了促成阁下的工作，罗斯柴尔德家族已经准备了二十万英镑，随时听从阁下的召唤。"

信到了乌戈尔手中，巴比尔建议说："就算不接纳罗斯柴尔德，赫里斯和灵伯格的建议也应该被采纳。"但巴比尔不知道，政府官员角力的背后，是有人想确保整个生意能够被罗斯柴尔德家族拿到。

内森不久又一次拜访了巴比尔，并陈述了他的意见和将来的做法，他明确提出，如果计划实施，罗斯柴尔德家族将进一步增加奥地利的补贴。

巴比尔提醒他，罗斯柴尔德家族的提议还是太含糊了，很有可能不被接受。

内森巧妙回答了该质疑，他坦率地说他的助手没有清晰地表述他的建议。尽管，罗斯柴尔德家族从前为英国政府做类似业务收取百分之二的佣金，但这次，他们决定不收取任何佣金，他只是展示他的热情。内森表示，罗斯柴尔德家族已经安排了细节。为了有说服力，内森透露一个消息，他的公司已经收到了价值七十五万法郎的英国硬币，他们将把这笔钱用于奥地利政府的补贴。巴比尔被内森说服，在写给乌戈尔的信中，他郑重推荐了罗斯柴尔德家族。可惜，乌戈尔并未能被说服。但罗斯柴尔德兄弟也没有因被拒绝而停滞不前。

罗斯柴尔德不久带上另一件更有说服力的东西来见巴比尔——罗斯柴尔德家族已经接受了俄罗斯的一项类似交易的委托。并且，罗斯柴尔德家族已经准备了二百五十万新荷兰币，准备运往俄罗斯。巴比尔没有正面回复，只是把意见提交给了乌戈尔。另外，他补充说，其他公司也就该业务提出了申请。

不久，罗斯柴尔德家族的一个成员再见到巴比尔时，轻描淡写地表示：公司已经给布鲁塞尔派出了八万拿破仑金币，并且，还将在不久的将来，向该市转交一大笔钱。

巴比尔同意将此事汇报乌戈尔。罗斯柴尔德公司随后向巴比尔提交了一份详细的计划书，以表示诚意。巴比尔一个月后收到了乌戈尔的答复，答复说他认为罗斯柴尔德的计划书基本上可以接受，但要将他们经手的钱限制在总额的一半以内。几天以后，巴比尔与罗斯柴尔德家庭见面，当他转达了乌戈尔的答复时，罗斯柴尔德家族予以拒绝。巴比尔随后给乌戈尔写信，最终，维也纳政府决定同贝斯曼公司合作。

虽然内森没有拿下该业务，却积累了人脉。不久之后，正是通过这层关系，罗斯柴尔德家族给流亡的法国国王路易十八提供资助，让他有足够的钱重新回到法国，从而使他于1814年4月26日在卡莱斯登陆，并于5月3日最终进入巴黎。新登基的君主自然万分感激，借此，罗斯柴尔德家族的产业在法国将要进一步飞升。

5. 进军美利坚

1894年秋，新兴的美国在财政方面遭遇了挤兑危机。

挤兑危机出现的速度之快出乎所有人的预料。10月份，美国财政赤字飙升到一千三百万美元，与之相对应的是，美国的黄金储备降至五千二百万美元，这是一个相当危险的讯号。1895年1月，情况加速恶化，据美国经济部门统计，共有两千六百万美元黄金从美国流向境外，这造成了危机的加重。无奈之下，美国财政部提出四千五百万美元黄金偿付法币。

在此之前，美国的经济危机影子已经开始弥漫。危机发生之前几年，随着越来越多的进口商品涌入市场，出现了高达四亿四千七百亿美元的逆差。人们渐渐意识到，政府已经透支了偿付能力，连当时的美国财政部长也曾坦率表示，面对财政赤字和贸易赤字，政府深感无力。

1893年5月份，一声霹雳惊天下——纽约证券交易所上市的国立绳业公司破产。这家公司的股票公众持有率最高。破产消息传出后，证券市场雪崩式坍塌。恐慌的人群排着长队到银行提现，黄金、白银包括纸币，挤兑潮瞬间形成。很快，纽约货币市场的短期贷款利率飙升至百分之七十四，金融市场哀鸿遍野，公司不得已倒闭者数以万计。据后来的统计，该时期，共有一万五千万家公司和五百家银行倒闭。

罗斯柴尔德家族看准了时机，在这个关键性的时刻再一次出场了。罗斯柴尔德家族在纽约的代表小奥古斯特·贝尔蒙和家族在美国扶持的金融寡头——J·P·摩根乘坐火车来到华盛顿，准备与总统见上一面，就政府财政问题进行一次谈判。

但是，当他们到了华盛顿，正焦头烂额的克利夫兰总统根本不想接见他们。摩根说："我是来见总统的。我会一直等到我能够见到他为止。"摩根语气坚定，结果证实他确实达到了目的。不久，他与克利夫兰、财政部长和司法部长坐在了同一张谈判桌上。谈判正在进行过程中，一位职员急匆匆地从外面进来向财政部长报告，政府的黄金储备仅余九百万美元。摩根感到时机已经成熟，威胁道："15∶00之前，政府的黄金储备就会耗尽。"

总统觉得现在已经到了走投无路的地步，为了人民的利益和国家得以持续发展的可能，他不得不一切听从罗斯柴尔德家族了。就像他宣誓就职时所说的那样，他所做的一切都要为人民和国家考虑。

从这时起，美国财富实际上已经从美国人民的手里转到了罗斯柴尔德家族等国际银行家手中，美利坚合众国也在某种程度上成为这些大财团控制绝大部分股份的超级大国。

想要了解美国是如何落入罗斯柴尔德等国际银行家手中的，事情还得追溯到1890年的英国金融危机。

1890年，一场金融危机爆发。在作为国际金融中心的伦敦，英格兰银行因阿根廷金融危机而深受困扰。伦敦巴林兄弟家族在阿根廷的一项投资失败了，巴林银行损失惨重，英格兰银行不幸被卷入其中。所幸这场危机并没有蔓延开来，得到了及时的控制，算是有惊无险。

说起巴林家族，这个起步早于罗斯柴尔德家族很多年的财团，在欧洲十分具有影响力。他们在金融市场叱咤风云，受到民众尊敬的时候，梅耶还没有跨入这一领域，他那时还是一脸茫然穿梭在法兰克福犹太社区里的打工仔。

所谓皇帝轮流做，明年到我家。到了19世纪后半期，罗斯柴尔德家族已经羽翼丰满，于是他们与巴林兄弟家族的金融贸易竞争也激烈地展开了。

他们都需要选择一个目标作为自己的投资方向，而这其实是有些博弈意味的。当时罗斯柴尔德家族看好了有巨大发展潜力的美利坚，所以把财产大量地投向那里。和罗斯柴尔德家族的选择不同，巴林兄弟家族更看好阿根廷，到了19世纪80年代后期时，已经承购了四千二百万英镑的阿根廷证券。

很显然，巴林兄弟的投资方向判断错误。他们的研究报告对当时阿根廷的经济泡沫有些忽视。

就在巴林兄弟把大量资产投入阿根廷后不久，英格兰银行和德意志国家银行出人意料地提高了各自的基准利率。这一举措的影响力迅速形成，阿根廷金融市场的狂热快速降温，证券价格大跌，金融恐慌蔓延了整个首都，巴林银行承购的数千万英镑证券被高位套牢！

这一来，巴林银行的标识"坚忍不拔"成为了人们的笑柄。

很快，巴林银行危机引发了一系列连锁反应。首先是英格兰银行黄金的挤兑危机。1889年发生危机的时候，英格兰银行的黄金储备不到一千一百万英镑，而仅巴林兄弟家为了度过危机，就要求英格兰银行立刻提供四百万英镑的融资，否则它就将面临破产。著名的《经济学人》杂志在11月15日报道说，英格兰银行的黄金储备"仅能应对日常的国内需求，但额外需求发生时，便显得捉襟见肘了"。

现在巴林家族颇有些无力回天的感觉了，无奈之下，不得不回过头来寻求自己的竞争对手的帮助——希望罗斯柴尔德家族可以伸手助自己一臂之力。

在这件事情上，罗斯柴尔德家族展示了相当的风度，与英格兰银行的做法一样，他们大方伸出援手，帮助巴林兄弟家族还清债务，提供的先期融资大概有一千五百万英镑。不仅如此，罗斯柴尔德家族为了缓解巴林兄弟的危机，还从法兰西银行借了价值两百万英镑的黄金，英国则向俄国借来一百五十万英镑的黄金。这一系列的举措共同作用，使得巴林兄弟家族和英格兰银行渡过了难关。

罗斯柴尔德家族在这次能够伸出援手，让他们非常感激。巴林兄弟家族知道，如果不是罗斯柴尔德家族出手相助，巴林兄弟的破产很可能使家族成员一夜间沦为贫民，甚至会被讨债者追杀。

不过自此以后，本来和罗斯柴尔德公司并驾齐驱的巴林银行一蹶不振，再也没有能力与罗斯柴尔德家族抗衡了，在接下来的百年时间里一直走下坡路，终于在1995年的时候宣布倒闭，成为第一个因现代金融衍生品而牺牲的著名金融机构、老牌商业银行。至此，巴林兄弟家族惨败，罗斯柴尔德家族完胜。

罗斯柴尔德家族在19世纪末的目标是最具发展潜力的美利坚合众国，他们耐心地等待着另一场更大的丰收。

我们之前说过，罗斯柴尔德家族在战争中起家，另外，这一家族在大小国家一次次的危机中也都不失时机地着手投资,之后坐收渔利。1895年美国金融危机又为他们提供了一个绝佳的机遇。

当然,罗斯柴尔德家族从不打无准备之仗。在此之前,一向低调行事的罗斯柴尔德家族其实已经在美国悄悄地进行了数十年的战略布局。

19世纪后半期,美国通过内战巩固了资产阶级民主共和国,并逐步确立了工业资产阶级的统治地位,而后开始了以电力和内燃机为标志的科技革命,这些大事件无疑为美利坚打了一剂催化剂,加速了国民经济的发展,使美国在政治、经济和思想文化等领域取得了决定性的胜利,最终成为世界上的工业强国。可以说,美国从建国以来就是一个开放性的国家,建国之初的美国"没有资源,没有资本,没有商业,没有朋友", 所以不得不大力引进外资发展经济。作为为公众服务的美国政府,一度致力于争取外国商人和银行家的贷款。但一直到19世纪初,外资引进的规模仍然不大。

到了19世纪后半期,内战之后的美国面临着一系列的社会问题、货币黄金长期短缺、黄金储备紧张、创纪录的高失业率、政治动荡、社会骚乱和华尔街熊市氛围弥漫等一系列事件充斥其间。美国就像一艘行到江心的船,充满着未知的可能。为了解决这些严峻的社会问题,发展资本主义经济,政府需要向国内引进更多的外资,这也成为当时政府的主要任务之一。据资料统计,从1870年到1900年短短三十年间,美国公司接受的外国投资由十五亿美元增至三十五亿美元，这其中，以英国人在美国的净投资最高，达到了十五亿美元，而这其中就有罗斯柴尔德家族的身影。

罗斯柴尔德家族的势力在美国已经渐渐发展起来，现在他们需要一个富有能力的代理人作为他们在美利坚生意的合作伙伴，他们在人群中找了许多得力助手，其中最著名的就是在19世纪末和20世纪初最具影响力的美国传奇金融家——J·P·摩根。

这个在今天早已全球闻名的摩根银行，其前身只是不太为人所知的英国乔治·皮博迪公司。乔治·皮博迪早年在伦敦和一些商人一起做起承兑银行的生意，他们提供国际贸易贷款，发行股票和债券，经营大宗商品，后来成为了新大陆美国人。内森也听说了这个人，有一天，他邀请乔治·皮博迪做客，毫不拐弯抹角，直接提出了自己的希望——请乔治·皮博迪做罗斯柴尔德家族的秘密公关代理人。

乔治·皮博迪听到这些，有一点受宠若惊的感觉，自然欣然答应。在罗斯柴尔德家族的扶持下，皮博迪的公司很快就成为伦敦著名的社交中心，公司业绩蒸蒸日上，到了19世纪70年代左右，他已经成为美国重量级的银行家。美中不足的是，皮博迪一生没有子嗣，为了延续公司的辉煌，皮博迪物色了一位杰出的接班人，这个年轻人就是后来大名鼎鼎的J·P·摩根。在皮博迪之后，摩根接管了他开创的全部生意，并将公司改名为朱尼厄斯·摩根公司，总部设在伦敦，不久又将美国的分部改名为J·P·摩根公司。

有了这一层关系做基础，1869年时J·P·摩根与罗斯柴尔德家族会面便成了顺理成章的事情。此后，两家公司的合作提到了新的层面。

在摩根的社交圈子中，美国的克利夫兰总统占据着重要位置。克利夫兰就任过两届美国总统，但不是连任。正是在中间四年的卸任时间内，他做了摩根银行的邻居——他所设立的律师事务所地址在摩根银行的隔壁。更巧的是，在新泽西州的普林斯顿老家，两人同样是比邻而居。摩根生平只有一次为民主党投下选票，选票上写的名字正是克利夫兰。这是一种十分微妙的关系，在一些关键时刻会起到推动作用，比如1895年克利夫兰作为美国总统做出非常重要的决定的时候。因为摩根家族，罗斯柴尔德家族走近了美利坚政界高层。

在J·P·摩根以外，罗斯柴尔德家族还选中了洛克菲勒家族作为他们的合伙人。

后来人们这样评价罗斯柴尔德家族在美国的地位：摩根家族掌握着民主党，洛克菲勒家族掌握着共和党，罗斯柴尔德家族则掌握着摩根家族和洛克菲勒家族。所以，罗斯柴尔德家族才是真正的美国权力中心。

19世纪末美国的财政危机导致了社会极大动荡，失业的工人和平民开始发泄愤怒和不满，请愿和罢工此起彼伏，工会甚至一度控制了铁路系统。美国财政部长约翰·卡莱尔为守住最后的黄金底线而尽了最大努力，他软硬兼施，向纽约的各大银行施加强大压力，希望他们会因此购买政府公债。

各大银行同意了政府的这一请求，但是它们提出了保护自身利益的条件：只出相当于政府公债一半价格的金币，至于另一半，银行家提出用纸币购买。

此时，经济危机已经在全面蔓延，美国财政部、美国政府和美国国会走投无路，他们面前只剩下了唯一的选择——向欧洲银行家寻求帮助。

当美国政府将求助的目光转向摩根公司时，摩根公司声称只有让J·P·摩根和罗斯柴尔德家庭在纽约的代表小奥古斯特·贝尔蒙共同处理这项美国事务，J·P·摩根公司才会参与此事。虽然政府内阁中不少人反对发行公债的建议，他们已经预料到了一旦美国政府答应此事，政府将被一群外国银行家控制，最终的结果非常可怕。可是实在没有其他的办法，最后，只有按照摩根提出的要求来做。

这也就是前文出现的双方谈判的原因。也可以说，经过几十年的酝酿，罗斯柴尔德家族终于露出了真面目。

摩根很快提出解决方案：由他和罗斯柴尔德家族牵头组织一个欧洲银团，它的任务是承销美国财政部发行的债券。经过几轮磋商，数额定在六千五百万美元。事情结束后，美国财政部可以获得三百五十万盎司金币（约一百吨），其中一百五十万盎司的金币由欧洲提供。

在摩根的计划里，有三个关键要素：

第一，为了将来的生意，他的公司与罗斯柴尔德家族共同掌控美国黄金市场。

第二，为了抑制美元和黄金之间的转换，银团打算对这些美国人出借欧洲货币。

第三，拉入纽约的各家银行，形成纽约和伦敦银行界的联盟，并让前者在债券发行中担当一定角色。

有了罗斯柴尔德家族的干预，美利坚1895年的危机很快烟消云散了。

危机结束后，罗斯柴尔德家族的目标实现了，他们获得了五个方面的利益：

一、1900年，美国出台法律废除了银本位，这意味着后者被彻底打入冷宫，美国成为金本位的国家，开始向欧洲标准靠近，而罗斯柴尔德家族的黄金拥有量当时居于全球排行上的首位。

二、在这种经济变化的新格局中，罗斯柴尔德家族因为黄金拥有量而成为市场的主导者，他们的举手投足都将牵动资本市场，实际上，他们相当于间接控制了货币发行。

三、美国民选政府与国会经历了第一次妥协，在罗斯柴尔德家族看来，这是最重要的瓦解，因为他们深知，只要有第一次，就会有第二次，并且今后的妥协会越来越顺理成章。

四、作为权威部门，美国财政部的威望被削弱，这样的打击是致命的，以至于后来他们丧失了货币发行权，这是基础。

五、欧洲与纽约的银行家们成为一个共同体,这样,罗斯柴尔德家族不仅牢牢掌控着欧洲的金融系统,也部分掌握了美国的金融系统。

这样,当20世纪到来前,美国的国家权力正一步步被以罗斯柴尔德家族为代表的金融寡头们彻底掌控。

此后,罗斯柴尔德家族一步步渗透,控制了美国最重要的经济枢纽——华尔街、石油军火业。直到今天,实际上美国的控制者仍然是华尔街的金融寡头集团和石油军火寡头集团。

第五章 罗斯柴尔德的历史遗产

1. 铁路系统

我们通过大量的事实知道，罗斯柴尔德家族早在英法战争时，就占据了先机，建立了完备而又极有效率的战略情报收集和快递系统。

情报收集，很早便出现在人类文明社会中。最初，原始部落之间为了争夺土地和食物不断进行战争。当战争出现后，为了能更好地战胜敌人，情报收集便产生了。中国历史上，早在夏朝的时候，就出现了各种收集情报的人员。他们分散在各地，严密监视敌对国家的动向，为国家的发展提供了很大的帮助。

当然，在现代社会中，收集情报工作就变得更加重要了。无论是对一个国家还是对一个商业组织而言，情报，都至关重要，甚至有时意味着生死存亡。二战期间，日本突袭美国珍珠港，就是在收集了确切的情报以后做出的成功判断。而随后发生的中途岛海战，则因为日本人收集的情报不够准确，最终一败涂地，甚至马上改变了双方的力量对比。

罗斯柴尔德家族作为世界金融业历史上最杰出的家族，自然对收集情报工作深谙其道。在家族鼎盛时期，罗斯柴尔德家族的情报收集者们遍布整个欧洲。无论各个国家的首都，还是在政治上比较重要的城市，都有罗斯柴尔德家族的秘密代理人。

罗斯柴尔德家族的秘密代理人们有时会出现在人群比较集中的咖啡厅中，点上一杯咖啡静静地听身边的人说长论短，再从并不集中的谈话中筛选出对自己有用的信息；有时，这些人会出现在广场中，虽然面容和身边的人并没有什么分别，但是他们敏锐的耳朵正紧张地高竖着，头脑高速运转，不断地收集着有用的情报；有时候，在城市的娱乐环境中也能发现他们的身影。

秘密代理人被派驻在不同的地方，负责收集第一手信息，于是各类商业、政治情报都逃不过罗斯柴尔德家族的眼睛。

"在欧洲，遍布着罗斯柴尔德银行的马车、船只、间谍，他们揣着大量现金、债券、信件和消息，他们最新的独家消息在股票市场和商品市场中被迅速地传播着。"

需要特别提到的是，罗斯柴尔德家族建立的情报系统不仅速度快，而且准确度一流。

之所以能如此，是因为从罗斯柴尔德家族的第一代掌门开始，家族就非常重视同政治人物打交道。所以，秘密代理人也受到了罗斯柴尔德家族风格的影响，大量同政府官员建立关系，并从政府官员那里得到第一手情报。

可以说，在罗斯柴尔德家族建立金融霸主地位的过程中，情报收集占据了重要位置。在当时的时代，罗斯柴尔德家族的信息甚至超过了官方信息速度，遑论其他商业竞争对手。这一切使得罗斯柴尔德银行在几乎所有的国际竞争中处于明显的优势。然而，那个时候由于还没有铁路系统等现代交通体系，所以内森与兄弟的信息传递一度用信鸽来进行。

进入19世纪以后，人类在技术能力上实现了跨越式发展，其中的一项是交通工具的发展。在罗斯柴尔德家族收集情报的过程中，家族成员越来越意识到时间的珍贵性。在商战中，有时候比对手提前一分钟，就意味着能赚到更多的钱。所以，家族成员在众多新兴的技术中，最关注的莫过于能提高交通速度的新技术。

就在这段时期内，铁路系统产生了，罗斯柴尔德家族在这其中也扮演了一个自己的角色。

世界上最早的铁路线上的机动运载方式是混杂的。令今天人们难以想象的车厢依靠马来驱动的方式仍然存在，尤其是遇到斜坡的时候。那时一项法律强制规定，一个驾驭者必须先于火车头五十码提醒人们：这个怪物将要靠近了。火车速度因此受到极大限制。不过，很快就有人想到解决这个问题的办法了，这个人叫斯蒂文森。

1829年10月的一天，在瑞恩山，斯蒂文森凭借自己的"火箭"号机车取得了蒸汽机车与马车比赛的胜利。1830年9月15日利物浦到曼彻斯特铁路开通，从此平息了所有的怀疑，它标志着这两座姐妹城市更为密切的利益和工业联系的新纪元的开端，当然也象征着它自身事业的成功。这项新发明所带来的各项事业的发展引起了广泛关注，同年，铁路线全面扩张，逐渐遍布全世界。

嗅觉灵敏的内森·罗斯柴尔德在其中看到了商机，他跟从了斯蒂文森的实践。然而他很快又动摇了：他同时对此还抱着相当的怀疑。内森决定，如果一项事业不仅不被大众看好，就连有能力的权威人士也认为它是没有头脑的计划的话，他无论如何不能为它承担一分一厘的风险。另外同时他还想到，马可以在任何地方行走，这个优点没法被机器有效地取代。

因此，当看到戈林、哈里法西、米尔斯这些公司像缺乏经验的省区银行家一样，将他们的大量资本投到了这项极具投机性的高风险事业中时，内森暗自得意。与此同时，为了防范风险，他采取了像巴林和里卡多这样的大银行所采用的措施。正当其时，斯蒂文森的成功引起了越来越广泛的关注，当英国第一、第二条铁路相继建成后，一股来势迅猛的铁路热席卷了整个国家。冲着这项新的铁路计划，不计其数的公司雨后春笋般成立起来。

看到这些成功的事例，内森尽管没有加入这股热潮，却也仍在密切关注新的局势和动态，最后，他认定他的家族不该错过这项新发现所带来的绝好的赚钱机会。但是在英国再投资的话，已经来不及了。不过还好有另外的发展空间，内森想，如果他在奥地利、法国、德国的兄弟们能赶在其他人之前率先进入这个领域，取得铁路建造的主动权，这将使他们公司的财富和实力剧增。

于是，内森立即与他的兄弟们交换了意见，大家一致觉得铁路这一项工程非常具有市场潜力。所罗门等人注意到，大规模的铁路建造所蕴含的巨大商机。

可是正当所罗门打算认真地将铁路建设的准备工作进行下去时，突然爆发的法国七月革命打断了他所有的计划。所罗门在其后的一天亲笔写道："1830年艰难的政治处境和混乱的局面，使贸易和工业遭受了极坏的影响，我不得不怀着深切的遗憾将这项计划的实施延期了，延期至相对平稳的更适合它的环境下进行，尽管一切已经准备就绪。"

在革命过后紧接着的一段时间里，罗斯柴尔德家族一直在为生存而努力挣扎，直到几年后一切事务才逐渐趋于平静并重新纳入正轨。家族的地位刚刚逐渐巩固，内森便建议他的哥哥再次着手当初中断的计划。于是，所罗门开始策划起铁路建造的总体路线来，为了确定一条最佳线路，将在瑞贝尔的指导下由专业工程师共同调研。这些调查检验确定了这样一个事实："帝国中绝大多数甚至包括最远的省份都将在彼此之间、与首都间建立起紧密的联系，这个庞大的联合体会影响到包括工业、商业和政治的重大战略走向。"

当时奥地利皇帝向来保守，考虑到这一点，所罗门在1835年4月15日给他写上一封极为恳切的信：

最尊贵崇敬的国王，我最亲爱的陛下：

作为您最忠诚且卑下的跟随者，我们的银行已经签署了协议，并一直在努力搭建从维也纳到波斯尼亚之间的铁路，为了不出任何差错，我们将调查研究工作做到了最细致。

认真考虑过之后，这伟大的沟通方式让我们坚信，它一定会对整个国家带来莫大益处。不只是那些参与到这项事业中的那些人，也不只是造福于公共福利。我们相信，很多地区和省份在经过思虑和探讨过后，会根据商业条件达成一致。这些参与到这项伟大的举国性风险事业中的人们，一定会受益匪浅。

这项协定是十分完整而成熟的，对奥地利帝国的利益大有裨益，它的签订，是在对国家美好祝愿的驱动下。现在，只希望您能将至高的威严授权于它，准许从波斯尼亚到维也纳的这项神圣铁路工程顺利完工；同时，为了顺利完成工程，我们需要以上市公司的方式筹集资金，希望能够得到您的首肯；最后，如果要为这项工程估算一下工期，我们计划在三年内完成初步规划，十年内全部完工，因为工作太繁复，时间较长，希望谅解并支持。

出于对公共利益强烈的关注，我提出这份卑微的请求。我相信，当之前彼此孤立、距离遥远的省份之间形成一个完整的脉络，一定会对整个国家的政治、经济、文化繁荣起到巨大的推动作用。税收工作的开展也将更加顺利。经过反复思量，认真考证，我带着一颗爱国的红心，提上了这份提案，渴望得到您的认可，我知道您是那样热爱您的国家和子民。基于此，我们恭敬呈上以上请愿，希望您能将对国家的热爱变为政策扶持，希望您接受并授权于它。感谢陛下，您的伟大英明将载入史册，在我国的工业史上，您的通知将是最璀璨的时期。

作为您最忠诚、卑微的仆人，请允许我这样称呼自己，来表达对您的崇敬。

所罗门·罗斯柴尔德

莱昂伯德·维泽姆斯特恩

1835年4月15日，维也纳

虽然当时国内民意都不看好铁路的修建，但是统治者分析了所罗门的请求之后，觉得其中还是有利益可图的，于是支持起这一项铁路修建的计划。该计划尽管受到了众多专家和公众的谴责，但在此基础上最终一个改变了世界面貌的系统得以建成，它是一个了不起的起点。

铁路的建设和管理系统完全按照罗斯柴尔德兄弟的意愿运行着，费迪南德国王不过是一个签字机器。在这种情况下，梅特涅和费迪南德国王两个政治家达成了一致。路德维格大公像以往一样，或多或少只是一个启动机器的密码。1835年11月11日，罗斯柴尔德男爵从波斯尼亚到维也纳的铁路建设方案，得到了他的首肯。出于对铁路竞争的害怕，邮政部门立马发出警告，称如果他们的利益受到了该决议的侵害，他们将要求赔偿。所罗门对大公的决定欢欣鼓舞并"怀着真诚的感激"。"君主万岁，"他写道，"是您，为着您子民的福益做出了这个英明的决定！"

所罗门提出修铁路的想法，已经得到了在位统治者的配合，按理应该感激涕零，不过他显然没有满足。接着他又抛出一个新问题，认为在授权文件中，不应该有对邮政部门的保护。他不愿意让这一切卷入私人利益的旋涡，争议也好，抱怨也罢，都是令人头疼的事。人人都想保护自己的利益，比如邮政经营者，但如果真的这样处理，那么维也纳到波斯尼亚铁路沿线的旅馆主人、稳定的经营者、马车夫、鞋匠等等，又要怎么办呢？

所罗门认为邮政应该一次获得大量赔偿。同样的问题也摆在了德罗斯蒂克男爵面前，但这一次他并不像以往那样具有远见。

最终，该矛盾以限制火车信件运输权的方式得以解决，1836年3月4日草拟了《授权法令》。其中，最重要的规定是：在法令认可的五十年期限到期后，罗斯柴尔德家族仍享有对铁路的拥有权，除非在两年内铁路的建设没有完成一英里，或维也纳到波斯尼亚的铁路没有在十年内修成完工。

当所罗门把自己的名字同欧洲大陆第一条大型蒸汽铁路连在一起时，他的兄弟詹姆斯在巴黎也没有闲着。和奥地利一样，巴黎的公众舆论也在大肆反对修建铁路，甚至有些权威人士宣称："火车头的火会烧毁森林和庄稼。火车的噪音会搅得附近的人家不得安宁，把周围的牲畜变疯。"然而詹姆斯并不是孤独的，好在当时也有一些进步和具有远见的工程师热情拥护在法国修建一条客运铁路的方案，因为他们看到了铁路为现代交通带来的便利，可是直到1835年法国还没有这样的铁路。在这些支持者中，代表人物是艾米里·佩雷热，当初他因为家乡对犹太人的驱逐不得不来到法国。就在这个时候，佩雷热的一篇关于在法国修建铁路的文章引起了詹姆斯的注意。佩雷热自信地宣称应该在巴黎到圣杰曼之间修建一条铁路。

当时詹姆斯在哥哥所罗门和内森的一再劝说下，已经开始考虑建设铁路的方案，无疑现在佩雷热的文章正中詹姆斯的下怀，詹姆斯立刻向他的朋友表示，自己非常愿意资助这样一个项目。

现在佩雷热的想法已经得到了詹姆斯的支持，詹姆斯转而和当地政府谈判关于修建铁路的问题。然而官方却严肃地拒绝了这个方案。他们评论道："我们给巴黎人造了这么个玩具，但是它却不能运载一名乘客或者一个包裹。"

因为他们并不相信这个从未见过的新生事物会有多大的实用价值。甚至就连法国著名的医生和天文学家多米尼克·弗兰西斯·阿朗格也致信国家议会，宣称奥地利曾发生过乘客在火车通过隧道时窒息而死的事件。

但詹姆斯并没有放弃，在他的努力下，在法国修建铁路的建议最终得到了批准。1837年8月26日巴黎到圣杰曼的铁路开通，并且很快获得了成功，这也使得1835年拒绝修建铁路的议院看起来十分愚蠢。这下在巴黎罗斯柴尔德家族也在铁路业独占鳌头。

不过罗斯柴尔德家族在修建铁路项目上也出现了对手，福德也看上了修建这条铁路的生意。

在双方的协商下，罗斯柴尔德家族的朋友佩雷热，在塞纳河右岸建造了这条铁路，1836年开工，1839年竣工；福德则出资修建了塞纳河左岸的铁路。顺理成章地，这两家铁路公司变成了竞争对手，他们都倾尽全力来赢得这场战争。最终，罗斯柴尔德家族凭深厚的人脉和庞大的财力，成功得到了在法国北部修建并且经营铁路的许可。

19世纪30年代中期，内森的触角感应到了铁路工程的发展大趋势，于是他接手了比利时的铁路工程。比利时皇帝莱昂伯德对铁路很感兴趣，他的远见让他在登基时就开始了动作。他要建立一个铁路系统，以布鲁塞尔为中心，当然，这需要与乔治·斯蒂文森的合作；比法国议会明智的是，比利时议会在1834年就通过了这项提案。这是一项需要大量资金的大工程，启动资金就要一亿五千万法郎。比利时采取了筹集资金的方式，其中的一大部分来自罗斯柴尔德家族。因为这项举措，比利时的铁路建设在欧洲处于领先地位，在同等比例的国土面积下，比利时拥有的铁路英里数最多。

度过修建铁路的艰难岁月之后，罗斯柴尔德家族因此所获得的利润很快滚滚而来。很明显在这些年间投入进这些工程的大量资本，最终会创造出无穷无尽的财富，那些铁路经过的地区也会跟着沾光。

正如罗斯柴尔德家族在英国运营第一批铁路工程的态度证明的那样，罗斯柴尔德家族并不是出于先知似的预见或者对进步事业的热爱投身到欧洲大陆的铁路冒险中的，而是跟着"利益"走。

2. 现代银行

1995年2月份，世界金融市场响起一声惊雷——英国巴林银行宣告破产。这家银行曾经拥有如此辉煌的历史，它在世界一千家大银行中按核心资本排名第四百八十九位。但是它的覆灭如此快速和令人悲伤，由于在新加坡的期货市场中的失败表现，英国巴林银行一夜之间损失上亿英镑，十天后，这家银行以一英镑的象征性价格被荷兰国际集团收购。这家拥有二百三十三年历史的银行彻底终结了。

其实，早在一百多年前，巴林银行就因为在阿根廷的失败差点倒闭，所幸当时罗斯柴尔德家族在关键时刻施与援手，并且在他们的带动下，欧洲许多金融界的巨头都助了巴林银行一臂之力，使其得以绝境逢生。

然而后人提起巴林银行的这起危机时往往评论说，在进入金本位时代以后，巴林银行倒闭是最为引人注目的危机，但这起危机的处理却值得称道。

杰出的金融史专家查尔斯·金德尔伯格从另一个角度看待这件事情，他说："与其说巴林危机是伦敦金融体系脆弱的标志，毋宁说它显示了这一金融体系强健的实质。"

南美洲自然资源丰厚，尤其是拥有着大量矿产，比如人们所熟知的巴西咖啡、巴西橡胶、智利磷矿、智利铜矿、阿根廷铁矿等。19世纪80年代，南美洲忽然崭露头角，因为拥有独特的天然资源，南美洲经济开始起飞，并得到了迅速上升。而这其中，又以阿根廷的表现最突出，一度处于南美洲领先地位。不料好景不长，80

年代末期，阿根廷欠了大量外债，此时因为信贷激增导致其更加无法偿还。这个过程里，政客们塞满了自己的腰包，却让人民成为买单者。通货膨胀猛如虎，仅仅一年，流通的货币量就增加了上亿美元。政府的金融权限更大了，它借贷外债，发行不承兑纸币。事实上，这将成为投机分子的土壤，在阿根廷经济飞速增长的时期，大量资本被用来购买土地，于是哄抬了地价，让公共土地投机成为一种趋势，很多公职人员都违背了职业道德，投身其中。

同时，在欧洲，商业活动呈现出加速发展的态势，其中部分原因是英国政府为建造铁甲舰而举债上千万英镑，而法国、俄国和德国则紧随其后，纷纷效仿。

1889年，英格兰政府和德意志政府担心过度投机造成的隐患，采取了对应措施。行动的效果立竿见影，市场的狂热开始降温。但是，造成的另一后果是：证券价格下跌，疯狂购买证券的人无疑等于被宣判了死刑。

其中，阿根廷受到了最为重大的打击。小麦产量急剧下滑，而后爆发了血腥的政治革命。副总统卡洛斯·配列格里尼上台，为了收拾败局，他于1891年成立了国家银行。

很快，金融危机带来的恐慌感迅速蔓延。此时，远在大洋彼岸的英国也没能逃脱，巴林银行受到巨大冲击。

在此之前，人们对巴林银行的印象是，它是一家历史最久、名声显赫的银行集团，发展稳健、信誉良好，其客户也多为显贵阶层，甚至包括后来的英国女王伊丽莎白二世。巴林兄弟的创始人是弗朗西斯·巴林爵士，他拥有五个世袭贵族的称号，这也成为他市场夸耀的资本。

巴林兄弟银行在世界金融史上的地位举足轻重，一度被称为金融市场上的金字塔。因为创始者身份高贵的缘故，巴林银行有一条区别于其他银行的地方：它不开发普通客户存款业务。所以，巴林兄弟的资金来源比较有限，只能靠自身的力量来谋求生存和发展。

1886年，巴林银行发行"吉尼士"证券，购买者甚至提前三四天在银行前排起了长龙。为了维持秩序，政府一度要出动警力。在购买者中，投机者占了相当一部分。他们购买到证券后迅速抛出，第二天，股票价格已涨了一倍。由此可见巴林银行的显赫地位。

另一件事则更为具体，由于巴林银行的卓越贡献，巴林家族先后获得了五个世袭的爵位。

当这家显赫的银行陷入危机中时，各方都伸出援手，特别是罗斯柴尔德家族。

当时，因为自身原因，英格兰银行爱莫能助。于是巴林银行向罗斯柴尔德家族求援。出乎意料的是，罗斯柴尔德家族第一时间给予答复，答应帮忙。

显而易见的是，巴林银行之所以能够支撑到20世纪90年代，没有罗斯柴尔德家族的帮助和扶持是不可能实现的。

单凭这一点就能看出，罗斯柴尔德家族不仅仅是一个普通的银行机构，它所代表的金融力量，它所建立起来的现代银行帝国系统，已经在国际金融业务中占有一席之地，并已经具备了呼风唤雨的能力。

3. 世界大战

罗斯柴尔德家族自进入金融领域到现在，已经活跃在金融、政治舞台两百多年。在这段漫长的时间内，罗斯柴尔德家族对欧洲乃至世界都产生了重要的影响。

对罗斯柴尔德家族来讲，如果说到赚钱的速度，没有任何事情能比得过战争。所以，如果我们仔细寻找，无论是法国大革命、反法同盟，直到第二次世界大战，所有近代战争的背后，都有他们的影子。

战争，对普通人来讲是场灾难，对罗斯柴尔德家族来讲，却是莫大的快乐。正是在这一次次的战争里，罗斯柴尔德家族成为了越来越多的国家的债权人。时至今日，它已经是当今主要西方发达国家最大的债权人。

19世纪初，欧美各大国的利益局势开始有了实质性的转变。德国在统一后迅速崛起，成为资本主义的后起之秀。由于过去缺乏世界殖民竞争的能力，所以德国不满现存的"利益均势"，要求重新划分殖民地，这势必激发与"老殖民者"之间的矛盾。

在新崛起的国家和老牌国家之间，开始了利益战争。

19世纪后期，统治权的争夺全面打响：英国和德国围绕非洲进行了激烈的争夺，英国和法国围绕亚洲进行了激烈的争夺。

1914年6月28日，是一个晴朗的星期天。奥匈帝国的皇储斐迪南大公偕妻子索菲亚来到萨拉热窝做特别访问。萨拉热窝原本不是奥匈帝国的土地，是帝国在1908年所吞并的。在斐迪南大公来到萨拉热窝之前，本地人民就已经对奥匈帝国深恶痛绝。在斐迪南大公出发之前，深谙政治的政府官员一再请求他慎重考虑，担心他到此地访问会激化矛盾，发生不可预知的危险。

作为皇储，斐迪南大公参与政治活动多年，自然明白其中的危险性。不过，他此行有他的目的。第一个目的，是使他的妻子索菲亚得到在维也纳得不到的皇室荣誉。第二个目的，是作为国家的皇储，对毗邻的塞维利亚进行挑衅。

为了实现这两个目的，斐迪南大公虽然意识到此行的危险性，仍然执意前往。

另一方面，在斐迪南大公将来到此地进行特别访问的消息传出以后，塞尔维亚当地组织起刺杀人员。

刺杀当天，当斐迪南大公正在萨拉热窝市内各处巡游的时候，杀手们都已经在市内的各个秘密点准备好，准备大公经过的时候进行行刺。

当斐迪南大公的车来到市区的一处地点时，有一位刺杀成员从人群中冲出，用力向大公的敞篷汽车的方向投掷了一颗炸弹，可惜炸弹被车篷弹到了地面上，随后的爆炸并没有伤到斐迪南大公，他侥幸躲过一劫。

随行人员见此情形，纷纷劝告大公撤离此地。但是，斐迪南大公执意完成政治任务，坚持按照原计划进行。

斐迪南大公稍事休息后，再次出发。这一次，他原本的目的地是医院。但是，司机却转错了方向。

此时，一位十九岁的少年普林西普正站在拐角处，他也是秘密组织派出的杀手之一。当他看到斐迪南大公的敞篷车驶向自己时，他迅速拔出手枪冲了上去，向斐迪南夫妇开枪射击。

子弹打中了斐迪南大公夫妇，结束了两个人的性命。在一片混乱中，凶手普林西普被抓住。随后，投入监狱。

弗兰兹·费迪南大公夫妇在萨拉热窝遇刺后，各方势力迅速集结，并最终导致了第一次世界大战的爆发。所以，萨拉热窝事件也被称为第一次世界大战的导火索。

在此之前，为拯救巴林银行而亲密无间的氛围瞬间烟消云散，取而代之的是彼此间你死我活的战争。

为了应付战事，各参战国都开始筹集资金和加强对国家财政的控制。

首先，各参战国把黄金集中于中央银行，使得自由铸造和自由兑换难以实现。另外，一些国家为了弥补军费支出，大量增发银行券。

随后，参战国制定了严厉措施禁止黄金输出。

因此，金本位制遭到破坏。

当一些研究者对第一次世界大战进行研究时，发现了一个惊天的秘密。

第一次世界大战爆发时，美联储刚刚成立二百一十七天。人们在今天反思，摸索出了这两件事情之间的逻辑关系：通过美联储，罗斯柴尔德家族不仅要把握住美国货币发行的命脉，更是旨在进入美国权力的中心地带。而这样做的终极目的，是要借助美国的力量，打击整个欧洲大陆，尤其是英法等老牌帝国。在理论上，只有摧毁了它们，美国才能顺利地从众多强国中崛起，也只有如此，罗斯柴尔德家族才能获得更多的利益。

为了证明这一系列现象不是巧合，他们开始寻找证据。追溯第一次世界大战爆发的原因，可以总结为三点：首先，英国和法国的统治地位受到动摇，老牌帝国的势力被瓦解，德国开始在欧洲格局中崭露头角。其次，德国在探索的过程中发现，英国之所以可以占据军事竞争的优势，并保持着产业领先地位，与他们对新能源的掌控脱不开干系。在有了这一发现后，德国也将焦点放在了油田上，它试图通过土耳其的通道，建立铁路运输，这样可以得到欧洲大陆东南方向的中东油田。针对这一现象，英法当然大惊失色，想方设法去阻挠。最后，像罗斯柴尔德这样的国际银行家，乐于通过欧洲大战改变世界格局，只有掌控了新崛起的美国，才能笑傲世界。

1918年11月，第一次大战结束之后，人们开始统计各种战争数据。数字背后都是悲惨的故事。除了在战争中陨落的八百万生命和无数家破人亡的惨剧，现实的人们拿出计算工具，统计各国财政状况，结果也令人瞠目结舌：各国债务额迅速膨胀，对比1914年，已经成倍增长；就同盟国来看，就欠了美国二十亿美元；从欧洲内部来看，俄国、法国、意大利都欠了英国债务，分别有五亿美元。这些数字的含义令人震惊，我们必须对比的是，美国在还没有遭遇1895年金融危机的时候，国家法定黄金储备才只有一亿美元。

因此，有研究者提出了一个惊人的观点：美联储就是一个超级"吞金兽"。世界大战为它合法而高效地吃进黄金创造了最佳的条件。一些银行家在战争中大发国难财：在战争中，武器被源源不断地运出美国，运往欧洲，去消灭那里的士兵和人民。与此形成对照的是，第一次世界大战之后，美联储已经成为世界上最强大的中央银行。

一战的结果是重新调整了世界格局，美国在其中赢得了巨额利益，欧洲老牌帝国在混战里元气大伤，英美经济实力出现了此消彼长的微妙格局。

曾经叱咤世界金融，也曾经做过世界霸主的英国，不再能笑对风云。在战争中，它损失了约三分之一的财富，军费开支近一百亿英镑，约八十万军人在战争中伤亡。除此之外，英国的对外贸易也出现逆差，1918年，英国的出口额仅为进口额的二分之一。这种境地更加难堪，英国只得将海外投资变卖了一部分来补偿，据统计，变卖的数字有十亿英镑。十年河东十年河西，英国从债权国摇身一变为债务国，陷入贸易逆差和财政困境的双重折磨，它只有依靠借外债来解决燃眉之急。

第一次世界大战之前，美国欠英国的国债约三十亿美元。在第一次世界大战中，由于欧洲是主要的战场，再加上美国是最后参战的一个大国。所以战后两国国债情况发生了逆转，到一次世界大战结束时，英国欠了美国四十七亿美元国债。更可悲的是，有了这么庞大数字的外债，政府赤字却依然在膨胀，谁来买单，成了争论许久也不能解决的问题。内忧外患之下，工业生产的竞争力也空前下降，比如英国最引以为傲的高效率的机器设备，面临老化的困境，因而在企业竞争中处于劣势，难以再与欧洲和美国抗衡。综上所述，战争之后格局大变，"日不落帝国"走向衰败，在经济低迷的情况下，英镑的地位不再能够保证。

在这些国家财富此消彼长的同时，罗斯柴尔德家族却从中坐收渔利，因为无论哪一方是战胜方，都不影响他们财富的增加。

第一次世界大战时，美国最具财力和威望的几个家族——洛克菲勒家族、杜邦家族、摩根家族和梅隆家族，想趁着战争的机会摆脱罗斯柴尔德家族的控制。一战结束时，四大家族发现在一定程度上他们似乎是成功了。但是不久之后他们便发现，罗斯柴尔德家族重整旗鼓，发动了更猛烈的攻击。直到此时，四大家族才发现，单是他们的力量还是无法战胜罗斯柴尔德家族。另一方面，在欧洲大陆，在战前名声显赫的容克财团损失惨重，除它之外，欧洲已经没有财团能同罗斯柴尔德家族相抗衡。于是，罗斯柴尔德家族又达到了事业的顶峰，也是最高峰——控制全球金融命脉。

1929年，始于美国的全球性金融大危机击垮了当时世界上所有发达国家的金融系统。欧洲各国在经济不景气的背景下，再一次走上了战争的道路。

1937年，第二次世界大战爆发。

第二次世界大战时，因为希特勒的反犹政策，罗斯柴尔德家族数次陷入危险处境。战争进程中，罗斯柴尔德家族树大招风，一部分家庭成员遭到暗杀，大量财产被剥夺。

对罗斯柴尔德家族来说，这无疑是最大的嘲讽——家族财富因战争得到高速膨胀，又因战争化为乌有。二战结束后，罗斯柴尔德家族位于法国的办公室被法国政府充公，在德国，家族财富一无所剩。江山代有才人出，各领风骚数百年。此时，美国财团迅速出击，吞并了他们在美国和澳洲的势力。

自此，罗斯柴尔德家族的辉煌即将变成传说。他们也仅仅能依赖在战争中侥幸未被没收的金融机构艰难恢复。直到现在，罗斯柴尔德家族也未恢复元气。

与此同时，罗斯柴尔德的经营理念一直维持着家族制，严重背离了现代银行管理的理念。相对应的，从20世纪60年代开始，欧美的大银行纷纷上市，筹集了大量资金。罗斯柴尔德家族逐渐落伍了。

不过，瘦死的骆驼比马大，如今的罗斯柴尔德家族仍在世界上有着重要的影响，有银行业的研究者评价说：罗斯柴尔德家族依然是世界金融界的一只"看得见的手"。

附录

罗斯柴尔德生平

罗斯柴尔德家族是欧洲最著名的银行家族,据后来的历史学家研究,该家族对欧洲经济史影响深远,长达二百年。

罗斯柴尔德家族的第一代掌门人名叫梅耶·阿姆谢尔·罗斯柴尔德。

梅耶·罗斯柴尔德在生意方面天资聪颖,很早便展现出惊人的生意人天赋。他的父亲系统地教他关于金钱和借贷的商业知识,使他掌握了生意的基本知识。

十三岁时,梅耶的父亲去世。随后,他在亲戚的鼓励和帮助下,来到汉诺威的欧本海默家族银行当学徒,书写了家族传奇历史的序曲。

在银行当学徒期间,精明的梅耶发现欧洲的王公贵族们把收藏古钱币作为普遍雅好。于是,他经过悉心准备,编辑了一本《古钱手册》,在《古钱手册》中,梅耶对古钱币进行了详细的解说。书写完后,他邮寄给各地的王公贵族们,希望以自己的专业知识打动贵族,让自己的店成为皇家指定店。

初出茅庐的梅耶寄出的信大部分石沉大海,但梅耶并不气馁,继续投寄。终于，梅耶这匹千里马遇见了伯乐。

黑森公爵，是当时欧洲的巨富之一，他所做的生意是贩卖军火，同时是一个狂热的古钱币收集者。当他看完《古钱手册》后，马上联系梅耶，并见了一面。梅耶趁机向黑森公爵卖出了他收藏的珍贵古代徽章和钱币，当然，价格相当低廉。与此同时，梅耶还向公爵介绍一些顾客，让公爵赚了数倍的利润。

事实证明，梅耶的眼光相当独到，他同黑森公爵的交往为他带来了难以计数的利益。从这时开始，日后，罗斯柴尔德家族形成了一个基本人际交往战略：把金钱、心血和精力彻底投注于某特定人物的身上，以期得到最大的利润。

这种人际交往真的有用么？以黑森公爵为例，就能看得比较清晰。

黑森公爵最大的顾客是英国，当时，英国需要大量的军队去控制北美的殖民地，所以他同英国的关系非常密切。后来，当他为逃避拿破仑的攻击离开法兰克福时，他把留下英国政府支付给他的部队的三百万英镑交给梅耶保存。这三百万英镑，让梅耶迅速成为财富新贵，成了罗斯柴尔德家族通往金融帝国的第一桶金。

此时，欧洲大陆正进行一场前所未有的混战。

罗斯柴尔德家族迅速崛起。

足智多谋的内森于1804年在伦敦建立分行；稳重的詹姆斯1811年在巴黎建立了家族分支银行。另外，萨洛蒙和卡尔于19世纪20年代分别在维也纳和和那不勒斯建立办事机构。

到此时为止，在第一代奠基者梅耶的率领下，罗斯柴尔德家族陆续地在欧洲最重要的城市开展业务，建立起家族银行，统一行动、交换信息，迅速发展。

从上述一系列事件中，我们不难发现，梅耶的交际能力和交际原则是他成功的最大基础。他与黑森公爵的交往，让他迅速占据了欧洲财富的中心，并从中获取了最大的利益。可以说，梅耶从不名一文到富甲一方的过程中，他的人际交往占了最重要的位置。

有了得天独厚的人际关系，罗斯柴尔德家族在战争期间居于各个交战国之间，贩卖与走私一切军事物资，这是罗斯柴尔德家族的主要财富来源；另外，罗斯柴尔德家族还承办了不列颠群岛与欧洲大陆之间的国际汇兑业务，这是罗斯柴尔德家族的另一个主要的财富来源。依仗着战争时期所获取的财富，罗斯柴尔德家族迅速崛起，成为欧洲赫赫有名的大家族。

在罗斯柴尔德家族迅速崛起的这段时间里，内森的贡献首屈一指，他为罗斯柴尔德家族辉煌的商业旅程增添了最为光彩夺目的一个章节。

在介绍具体事件之前，我们需要先了解一下罗斯柴尔德家族建立起来的无往不胜的信息网络。

信息，对从事金融行业的罗斯柴尔德家族来说不愧于商业命脉，所以，从梅耶开始，罗斯柴尔德家族的成员便致力于建设精准、快速的信息网络。在两代人的共同努力下，罗斯柴尔德家族建立起严密、快速的战略情报收集和快递系统。

这套信息系统可以分为两个部分，第一部分是战略情报收集系统，为罗斯柴尔德家族收集情报的人被称为"孩子们"。他们被派驻欧洲重要的商业中心，然后通过建立广泛的人际关系获取商业情报。

第二部分是信息快递系统。为了确保信息能更快、更早地到达罗斯柴尔德家族银行的手中，罗斯柴尔德家族为"孩子们"准备了当时最先进的交通工具。据说，罗斯柴尔德家族建立起来的这套情报系统甚至超过了当时的官方信息网络。

1815年，拿破仑领导的法国军队和联军在滑铁卢对峙，一场大战即将打响。此时，整个欧洲都卷入了战争的情绪中。所有人都明白一件事情：滑铁卢战争将再次改变欧洲的政治格局，如果拿破仑战胜联军，法国将重新称霸欧洲；如果拿破仑战败，主导欧洲的国家将变成英国。罗斯柴尔德家族自然也深刻地意识到这一点，在战争开始之前，他们做了最充足的准备，他们派出了最精锐的信息人员，以便能赶在官方消息之前得到准确情报，赚取最大的利润。

当然，不只对罗斯柴尔德家族，对其他从事金融行业的人也一样，这一次战争将是他们一生中最佳的赌博机会，假如赢就能赢得盆满钵满；如果输，就能输得倾家荡产。

所有人都准备好了，就等待着消息传来的那一刻！

1815年6月18日，滑铁卢战役打响了。

金融市场上里的心理战役和前方的战役一样精彩。所有金融人都知道：战役的最终结果将直接影响金融市场的走向。如果拿破仑胜利，英国战败，英国公债的价格将直线下滑；如果拿破仑败了，英国公债将实现历史的突破。对所有金融人来说，这都是发横财的机会。

战争持续了整整一天，到晚上8点时，拿破仑败局已定。但威灵顿并没有发出战争获胜的通报，因为他知道，拿破仑在所有战役中都有充分的后援部队。但这一次，威灵顿高估了拿破仑的实力。另一方面，罗斯柴尔德家族却从两方面都得到确切消息，确认拿破仑已经无力反攻。

内森设了一个圈套！

他向着罗斯柴尔德家族的交易员投递了一个眼神，交易员于是开始抛售手中的英国公债。紧接着，交易所里的人就像是疯了一样，将手中的英国公债全部抛出。英国公债直线下滑，票面价值仅仅剩下百分之五，走向崩盘。

就在这时，内森出现了。他大量买进市场上能见到的英国公债，并稳稳地持有。人们此时好像忽然明白了什么，但是一切都已经太晚了。

6月21日晚11点，官方的消息姗姗来迟，联军战胜了拿破仑的军队。

英国国债瞬间飙升！内森完胜！

战役前后，仅仅经历了一天的时间，内森就通过战争成了英国政府最大的债权人。甚至在此后的一段时间里，他部分掌握了英国的国债发行。

这次漂亮的战役使罗斯柴尔德家族的威望达到了顶峰，财富再次得到了爆炸式增加。甚至连一向冷静的内森也狂喜地宣称："不管谁坐在大英帝国的王位上，我都是唯一的主导者。"

战争结束后，罗斯柴尔德家族依靠在战争中赚取的巨额资产相继进入铁路、煤炭、钢铁、金属器材等当时最赚钱的行业。

19世纪50年代以后，罗斯柴尔德家族的业务又有所拓展，相继进入石油及有色金属领域。

但因英、法、德等国家新的股份银行及商业银行相继兴起，开始打破其垄断局面。

19世纪后期，欧美财团资金雄厚，财势日盛，影响超过了罗斯柴尔德集团。

随着时代的发展，进入20世纪以后，在—次世界大战中该家族损失惨重，往日的荣光不在。但在家族成员的努力下，目前，罗斯柴尔德家族的势力正在逐步恢复。

罗斯柴尔德家族的秘密究竟是什么？

值得提出的是联合经营各类业务和不追求额外利润两条指导原则。

所谓联合经营，指的是家族一致对外，保持家族的合作。罗斯柴尔德家族常在堂表亲属之间通婚，双方大都是犹太人，极少例外，因此，尽管支脉很多，世系后嗣始终保持团结一致，这是他们成功的最大秘诀。

不追求额外利润则代表着罗斯柴尔德家族的智慧。无论是在初期，还是家族生意出现衰落的今天，罗斯柴尔德家族都能将目光投向远方，紧扣时代脉搏，紧追时代浪潮，走在时代的前面。这样的商业策略，在外人看来，似乎一时之间并没有太高的利润，但从长远来看，却产生着巨大的商业利润。

罗斯柴尔德年表

1744年2月23日，梅耶·罗斯柴尔德出生于德国法兰克福，他后来成为罗斯柴尔德商业帝国的奠基者。

1755年和1756年，梅耶的父母亲先后去世，他进入奥本海姆公司学习商业知识。

1770年，梅耶和出生商人家庭的古特里结婚。与此同时，他的古钱币生意越做越红火。

1773年、1774年和1775年，梅耶的三个儿子相继降生，他们就是罗斯柴尔德家族著名的阿姆斯洛、所罗门和内森。

1815年，在滑铁卢战争结束时，罗斯柴尔德家族通过商业手段获得了大量的英国国债，成为英国最大的债权人。

1818年，罗斯柴尔德家族在伦敦为普鲁士政府安排五百万英镑贷款。此后的一百多年时间里，罗斯柴尔德家族通过债券发行为世界各地政府筹集资金，这项业务成为银行的核心业务，为罗斯柴尔德家族带来了经济和政治的双重发展，并借此影响了当时世界的经济和政治形势。

此外，在这段时间里，罗斯柴尔德家族还开辟了新的投资领域，其中包括铁路、石油、贵重金属等。

1840年，罗斯柴尔德家族成为英格兰银行的金银经纪人，并在淘金热期间，设立了加利福尼亚和澳大利亚代理机构。

1850年，罗斯柴尔德家族进行了一项新投资：珍贵艺术品收藏。在整个50年代，罗斯柴尔德家族建造了众多恢宏的艺术品收藏中心，中心均被用来收藏艺术品。此外，罗斯柴尔德家族还收购了位于穆桐和拉斐的波尔多葡萄庄园。

1852年，罗斯柴尔德家族开始经营伦敦的皇家铸币厂，主要为英格兰银行提供提炼及铸造服务。

1861年，意大利的政治运动波及了罗斯柴尔德家族生意，他们关闭了位于那不勒斯的银行。

1875年，罗斯柴尔德家族秘密地为英国政府筹资，使其能够收购苏伊士运河的控股权益。

1868年，詹姆斯去世，他的死标志着罗斯柴尔德家族第一代银行家的终结。不过，在罗斯柴尔德家族成员有约束力的合作协议的支持下，仍然保持同盟关系，共同发展。

1939年，第二次世界大战来临。希特勒领导的纳粹德国疯狂屠杀犹太人，身为犹太人的罗斯柴尔德家族成员也未能幸免，身处欧洲的家族成员大部分被杀，公司被没收。罗斯柴尔德家族最辉煌的时期结束了。

20世纪60年代，欧洲进入经济发展的高速阶段。罗斯柴尔德家族的生意主要集中在伦敦和巴黎，但已经彻底失去了昔日的威风。

家族开辟了新的业务，联合发展他们在美国的新业务，最终成立洛希尔股份公司。

该公司成立时是一家风险投资公司，但很快便发展为一家全方位的投资银行和资产管理公司，并迅速扩张。

1981年，法国政府将罗斯柴尔德家族的巴黎银行实行了国有化，这一举措最初似乎让家族遭受重创，但很快，家族就发展了新的业务。

20世纪80年代开始，罗斯柴尔德家族顺应时代浪潮，进入很多新兴领域，并发挥了积极的推动作用。到今天，罗斯柴尔德家族办事处遍布全球四十多个国家，以超过两个世纪稳定累积的专门知识和经验为基础，延续着罗斯柴尔德家族辉煌的历史。